메타사고

META THINKING

PERCEPTION

CREATIVITY

CONNECTIVITY

INSIGHT

SUSTAINABILITY

IDEATION

FACILITATOR

규칙 없는 세상에서 한계를 돌파하는 관점 혁명

메타사고

사와 마도카 지음 | 곽범신 옮김

다산북스

메타사고 (Meta-Thinking)

자신의 인지과정을 인식하고 성찰하는 능력인 '메타인지'를 일과 삶에 적용하는 사고방식. 관습적인 생각에서 벗어나 보다 높은 차원에서 문제를 재구성하거나 다양한 시각을 통합하고자 하는 노력으로, 자신의 한계를 파악하고 새로운 관점을 탐색하며 창의적이고 전략적인 해법을 찾는 데 유용하다.

추천의 글

일본 마이크로소프트사 출신인 사와 마도카의 논리력과 실행력이 돋보이는 책이다. 추상에 머무를 수 있는 메타사고를 이 책은 구체적이고 실질적인 도구로 만들어 준다. 메타사고야말로 전략적이고 효율적인 삶을 지탱하는 실질적인 무기이다. 자기인식, 자연스러운 흐름, 창의적 결합을 중시하는 메타사고는 우리가 고정된 틀을 넘어 자유로운 삶을 살도록 돕는다. 책 속의 매트릭스 서식과 메모 방식을 활용한다면 누구나 자기 인생의 게임체인저가 될 수 있을 것이다.

_김익한 (기록학자, 『거인의 노트』 『마인드 박스』 저자)

이 책을 통해 당신을 제한하던 모든 생각에서 자유로워지길 바란다.

_**야마구치 슈** (『철학은 어떻게 삶의 무기가 되는가』 저자)

들어가며

자신의 인생을 원하는 대로 설계하라

"미래가 불안하지만 당장 뭘 할지 모르겠다."

"지금 직장을 계속 다녀도 될까."

"AI라느니 NFT라느니 가상화폐라느니, 따라가기 어렵다."

분야를 불문하고 수많은 직장인을 만나는 내게 이런 고민을 털어놓는 사람이 부쩍 늘었다. 인공지능과 블록체인, 맞춤형 데이터를 기반으로 하는 새로운 패러다임인 웹 3.0 시대가 도래하면서 종전과 같이 안정된 직장, 정해진 정답을 내놓는 리더는 거의 사라졌다 해도 과언이 아니다. 정답이나 규칙이 수시로 바뀌는, 그래서 거의 없다시피한 시대에 자신의 입지가 불안하게 느껴지는 건 당연하다. 하나의 회사에서 오래 머문다면 편안함이 느껴지기보다는 전망이 보이지 않는 것 같고 스트레스만 받기 십상이다.

그런 이들에게 나는 이 책을 통해 **'관점 바꾸기'**를 제안한다. 회사라는 작은 틀 안에서 생각하는 대신, 사회라는 더 넓은 공간을 배경으로 삼아 자신의 위치를 객관적으로 파악하는 것이다.

회사에서는 '햇병아리' 취급받는 사람도 사회에서는 스스로 판단하고 행동하는 어엿한 성인으로 활약해야 한다. 회사에서는 좋은 평가를 받아왔지만 사회적으로는 또래에 비해 낮은 연봉을 받고 있을지도 모른다. 이처럼 넓은 관점에서 매사를 재인식하는 행위를 '메타인지'라고 한다. 자신의 사고방식이나 성격, 행동, 위치 등을 한 차원 더 높은 곳에서 부감하듯 내려다보는 인지 활동이다. 메타인지의 중요성은 익히 알려져 있지만 그것을 실제로 어떻게 적용할지는 또 다른 문제이다.

이 책의 제목인 '메타사고' 는 메타인지 능력을 일과 삶의 문제에 밀접하게 적용하는 태도를 말한다. 즉, 나는 이 책을 통해 단순히 메타인지의 개념이나 추상적인 이론이 아니라, 메타인지력을 육성해서 자신의 일과 삶을 가꿀 실천적인 방법을 이야기하고자 한다.

메타인지를 통해 '바깥'의 시점을 손에 얻으면 우리는 바로 옆 사람과 자신의 처지를 비교하며 고통받지 않아도 된다. 자신의 시야가 얼마나 좁고 한정적이었는지를 깨닫는다면 사소한 차이에 일일이 반응하지 않게 된다. **고정된 하나의 가치관에 얽매이기보다는 스스로 흥미를 느끼는 일을 추구할 수 있다. 그렇게 한결 자유로운 삶을 살아가게 된다.**

실제 비즈니스 현장을 보면 기존의 비즈니스에서 '바깥쪽'으로 진출하는 일명 '게임체인저(기존의 규칙하에서 승패를 다투는 대신 게임의 규칙 자체를 바꾸어버리는 사람이나 기업 - 옮긴이)'만이 성장하고 있다. 예를 들어 음반 산업계의 게임체인저 기업은 음원이 저장된 CD를 팔던 기존 비즈니스 방식을 음원은 무상으로 배포하되 광고 수입을 거두는 형태로 변화시켰다. 이와 마찬가지로 나는 여러분이 **자신의 인생에서 게임체인저가 되기를** 바란다.

게임체인저가 승리하는 시대에는 더 이상 하나의 분야 내에서 우열을 가리는 데 목을 매지 않아도 된다. 굳이 이분법을 사용한다면 일이나 인생을 '우/열'이 아니라 '스스로 재미있는가/재미있지 않은가', 즉 '호오好惡'를 기준으로 판단할 수 있다. 그리고 개인은 자신에게 맞는 행복을 좇으며 살아갈 수 있다. 이런 시대를 헤쳐 나가는 데 도움이 되는 것이 현재 내가 고수하는 일의 스타일이자 생활 방식인 '에일리어스alias'다.

에일리어스란 '별명'이나 '링크 기능(IT 분야에서 자주 사용하는 용어로 한 위치에서 다른 위치로 연결되는 기능 - 옮긴이)'이라는 의미로, '회사에 있는 나' '일하는 나'처럼 **특정한 역할을 수행하는 자신을 자신의 이름을 지닌 분신으로 간주하는 사고방식**이다. 즉 회사나 조직, 커뮤니티 등에 존재하는 자신을 진짜 자기 자신 혹은 자기 인생 전부라 여기지 않는 것이다. 그 대신 '회사에는 내가 가진 기능의 일부를 제공한다' '이곳에서는 다른 에일리어스에게 일하게 한다'라는 식으로 생각한다. **여러 에일리어스를 두고 살아갈 때 우리는 자신의 삶을 한층 유연하게 설계할 수 있다. 외부의 제약에 구속받지 않는 행복한 인생이 가능해진다.**

1장 '발상력'에서는 '에일리어스'의 개념을 소개한 후 현재 처한 위치나 갖고 있는 사고의 틀을 넘어서는 '메타인지'의 전제가 되는 사고방식을 소개하겠다. 이어 2장 '관찰력'에서는 기존 비즈니스의 '바깥'으로 나와 활약하고 있는 실제 '게임체인저' 기업과 개인의 사례를 소개하려 한다. 3장 '창의력'에서는 인생을 바꾸어가는 데 방해가 되는 '잘못된 믿음'을 확인해 본다. 열심히 노력하고 있음에도 일이 제대로 풀리지 않는다면, 비뚤어진 '믿음'에 사로잡힌 경우가 매우 많기 때문이다. 자신에게 잠재된 가능성을 아낌없이 발휘하며 주체적으로 일하기 위해서는 무엇보다 스스로 과제를 발견할 수 있어야 하는데, 그 구체적인 방법은 4장 '인지력'에서 알아보겠다. 다음으로

5장에서는 성과를 내는 비즈니스 현장의 모습을 구체적으로 살펴보고, 6장에서는 인간관계와 네트워킹의 문제를 생각해 보았다. 마지막 7장에서는 번아웃이 만연한 오늘날, 스트레스와 마음의 문제를 성숙하고 유연하게 해소할 단서를 나의 경험을 바탕으로 전하려 한다.

메타인지를 활용하는 사람은 스스로 과제를 찾아내고 자기의 방식으로 해결한다. 그렇게 일이 수월해지면 삶 또한 편안해진다. 인생에 '여유'가 생기는 것이다. 여유가 있으면 자신의 현재 상태, 비즈니스의 변화하는 환경, 인간관계 등을 객관적으로 파악할 수 있고, 문제의 본질을 깨달을 수 있으며, 주어진 과제에 가장 적합한 행동을 취할 수 있다. 이것이 내가 여러분께 전달하고자 하는 메타인지의 힘이다. 메타인지의 힘을 이용해 남에게 휘둘리는 인생이 아닌 자신이 원하는 인생을, 오직 자기답게 살아가길 바란다.

차례

3장 창의력

통념의 함정에서 벗어나 생각의 주도권 되찾기

4장 인지력

반드시 문제 안에 해답이 있다

2부 실전
어떻게 나답게 일하며 살 것인가

5장 성과의 공식
바꾸고 연결하고 빛나게 하라

6장 네트워크의 공식
시야를 확장하는 연결의 법칙

7장 멘탈 관리의 공식

자신을 소모하지 않는 사람의 비밀

1부

기본

스스로의 생각을 의심한 적 있는가

META

PERCEPTION

CREATIVITY

CONNECTIVITY

INSIGHT

MILIA

SUSTAINABILITY

IDEATION

THINKING

FACILITATOR

1장

발상력

기존의 공식이 깨질 때 자신만의 규칙을 세워라

THINKING

규칙의 지배자

앞서 이야기했듯 이번 장에서 소개하는 '발상력'은 메타인지의 전제가 되는 사고방식으로, 뒤이은 내용인 세 가지 생각의 힘과 세 가지 일의 공식을 이해하고 현실에 적용하는 데 기초가 되는 내용이기도 하다. 비교적 짧은 분량 속에 가장 핵심적인 내용을 압축해 두었다고 봐도 좋다.

기업에 강의를 나갈 때면 비슷한 고민을 털어놓는 직장인들을 만나게 된다. '열심히 일해봐야 나만 손해 아닌가' '어차피 회사는 나를 정당하게 평가해주지 않는다'와 같은 고민이다. 이들 저마다에게는 깊은 고민이겠지만, 결국은

'회사에 소속되어 있다'는 현실을 '회사의 규칙하에서 문제를 풀어야 한다'는 뜻으로 받아들이고 있는 셈이다.

하지만 나는 **인생 전반을 놓고 보면 회사 안의 직위나 평가 등은 지극히 사소한 이야기**라고 생각한다. 인생을 개선하고 싶은데 굳이 회사라는 장소에만 국한해서 생각할 필요가 있을까.

물론 스포츠의 세계로 눈을 돌리면 이야기는 달라진다. 애초에 스포츠는 '개인이나 팀이 같은 규칙하에서 겨루어 승부를 내는 일'이기 때문이다. 예를 들어 축구는 '11명으로 이루어진 두 팀이 하나의 공으로 경기를 한다'는 규칙이 없다면 성립조차 불가능하다. "일본인은 평균 신장이 작으니까 12명으로 하겠다"라고 말해봐야 소용없는 일이다. 스포츠에서는 어떻게든 주어진 규칙 안에서 문제를 풀어나가는 것이 맞다.

하지만 비즈니스나 인생의 문제에까지 같은 방식을 적용할 수는 없다. 축구선수로서는 의문의 여지 없이 뛰어난 기량을 갖춘 선수라도 인생의 문제를 해결하는 모습은 매우 다를 수 있다. 은퇴한 선수 중에는 코치로 축구계에 남고 싶어 하는 이가 있는가 하면 멋진 반려자와 함께 여유로운 삶을 즐기고 싶어 하는 이도 있다. 이 두 사람 중 누가 더 행복할지는 아무도 알 수 없다. 그 판단의 기준은 각자 다르기 때문이다.

요컨대 **어느 한 가지 영역에서 성공했다 해서 그 성공이 인생의 승리를 의미하지는 않는다**는 뜻이다. 대상을 회사나 업무로 바꾸어보면 자명해 보이는 이 사실을 놓치는 사람이 의외로 많은 듯하다.

지금부터 하는 이야기가 이 책의 핵심이다. 나는 여러분이 **자신의 인생에서 '날마다 승리'하기를** 바란다. 혹자는 인생 문제에 꼭 승부를 따져야 하냐며 반론을 제기할 수 있지만, 누구든 '승리'해서 나쁠 건 없지 않은가?

게다가 자신의 인생에서 날마다 승리하기란 생각보다 쉽다. **자신이 절대 지지 않는 규칙을 스스로 만들면 되기 때문이다.** 만약 비슷한 규칙을 갖춘 경쟁이 있다면 참가하지 않으면 그만이다.

마지막으로 가장 중요한 원칙 한 가지. **경기 인원은 항상 한 명일 것.** 그렇다면 절대 질 일이 없다. 단독 우승이다.

많은 사람의 고민을 듣다 보면 결국 문제의 원인은 '**타인과의 비교**'에 있다는 것을 알게 된다. '매일이 지치고 따분하다'는 권태, '일이 즐겁지 않다'는 불만, '앞길이 보이지 않는다'는 불안, '상대를 용서할 수 없다'는 분노…. 이런 감정의 이면을 파고들어 보면 예외 없이 타인과의 비교가 자리 잡고 있다. 사람들은 남보다 따분하고 남보다 어렵게 사는 듯한 기분을 느끼며 괴로워한다.

그렇다고 '타인과의 비교는 그만둡시다'라는 뻔한 이야기를 늘어놓고 싶은 건 아니다. 말은 쉽지만 실천은 쉽지 않다는 것을 알고 있다. 여기에는 애당초 인간의 뇌가 그렇게 프로그램되어 있는 탓도 있다.

잘 알려진 인간의 심리로 '백곰 효과'라는 게 있다. "백곰을 절대 상상하지 마!"라고 말하는 순간 대부분의 사람은 머릿속을 백곰으로 가득 채워버린다. 상상하지 말라고 지시한 바로 그 대상만 반복적으로 떠올리는 것이다. 「사고 억제의 역설적 효과皮肉過程理論」라는 심리학 논문으로 밝혀진 이 효과는 우리가 달콤한 과자나 담배를 끊기 어려워하는 이유 또한 설명해 준다.

그러니 '타인과 비교하지 말라'라고 조언해 봐야 별반 도움이 되지 않는다. 오히려 더 많이 비교하게 될 뿐. 그렇다면 어떻게 해야 할까? 수동적으로 무언가를 바라기만 하는 대신 능동적이면서도 구체적인 행동을 할 필요가 있다. 그 행동의 아이디어 중 하나가 **'혼자서만 즐길 수 있는 규칙을 떠올리기'**이다.

타인과 비교하고 경쟁해서 승리하려고 한다면 결말은 뻔하다. 어떤 분야에서든 나보다 잘하는 사람은 있기 마련이므로 패배로 인해 마음이 괴로워지고 피폐해질 수밖에 없다. 그렇다고 타인과 비교하지 않는 것도 어려운 일이다. 그러니 아예 비교가 불가능하도록 '나밖에 없는 경기장'을 만들어야 한다.

내가 아닌 나,
‘에일리어스’

‘회사원이라면 그러기 어렵지 않겠느냐’ ‘나도 모르게 자꾸 동료와 비교하게 된다’라고 말하는 사람이 있을 것이다. 나는 이런 질문에 되묻고 싶다. 왜 회사라는 장소에 자신의 전부를 그렇게 간단히 맡겨버리는가? 하루의 절반 가까운 시간을 보내는 장소라서? 인생의 의미를 찾아낼 기회라서? 나는 **그런 가치는 ‘에일리어스’가 찾으면 충분**하지 않나 생각한다.

이를테면 회사에 있을 때의 나를 나라는 이름을 가진 에일리어스라고 보고, ‘회사에는 나의 기능 중 일부를 제공한다’고 생각하는 것이다. 이렇게 생각하면 회사에서의 평가나 출세 경쟁 따위는 인생을 이루는 수많은 게임 중 하나에 불과하다고 여길 수 있다. 즉, **회사에서 업무를 보는 자신을 인생의 전부라고 동일시하지 않는 것이다.**

프로스포츠 선수가 세계 챔피언이 되지 못했다 해서 '저 사람 인생은 글렀어'라고 혀를 차는 사람은 없다. 우리도 마찬가지다. 회사에 있는 나, 리더나 관리자와 이야기하는 나, 팀원과 회의하는 나, 모두 '나의 에일리어스가 움직이고 있을 뿐'이라 생각하면 그만이다. 어디까지나 스스로 설계하고 살아가는 삶이니 **내 마음대로, 더 자유롭게 자신의 인생을 정의해도 좋지 않을까.**

에일리어스는 원래 별명이나 가명이라는 뜻이다. 맥Mac의 운영체제에서 에일리어스란 '링크 기능'을 가리킨다. 링크일 뿐이니 설령 삭제하더라도 파일 본체에는 아무런 영향이 가지 않는다. 원한다면 얼마든지 개수를 늘릴 수도 있다. 이처럼 에일리어스는 어디까지나 나를 나타내는 방식 중 하나, 자신의 분신일 뿐이다. 그래서 에일리어스를 여럿 보유하는 건 다른 인격을 만드는 일도 아니고 또 다른 자신을 연기하는 일도 아니다.

요컨대 에일리어스란 자기 인격의 일부이긴 하지만 정체성은 아닌, '특정 기능을 수행하는 자신'이다. 자신과 이어져 있지만 일체화된 존재는 아니다. 에일리어스를 거꾸로 더듬어가면 자신에게 도달하게 되므로, 이를 나에게로 향하는 '이정표'라고 생각해도 좋다.

다만 마음먹기에 따라 얼마든지 에일리어스를 스스로와 분리할 수 있다. 그렇기에 **다양한 장소에서 자신의 역할을 수행할 수 있는** 것이다.

나는 30대 초반부터 에일리어스를 의식하기 시작했다. 그보다 젊을 때는 '일을 못하는 나'와 '진정한 나'를 분리하지 못했다. 마이크로소프트Microsoft로 직장을 옮겼던 28살 무렵 나는 기술이나 숙련도가 부족했다. 결코 유능한 직장인이라 할 수 없었다. 날마다 나를 질책하는 중간관리자 때문에 상처는 상처대로 받았는데, 스스로도 실력이 모자라다는 사실을 알고 있으니 대꾸도 제대로 하지 못하는 형편이었다.

고통스럽게 일하며 '이건 진정한 내가 아니야' '내 인생은 어딘가 다른 곳에 있을 거야'라고 줄곧 생각했지만 '회사에서 일하는 나는 나의 에일리어스에 불과하다'라고 확실하게 인식하지는 못했다. 언제나 '나는 일을 못해…' '나는 글러먹은 인간이야…'라고 생각하며 스스로를 궁지에 몰아넣을 뿐이었다. 이처럼 일이 제대로 풀리지 않을 때 대부분은 일을 풀지 못하는 자신과 자신의 정체성을 동일시하기 마련이다. 그렇게 자신도 모르는 사이 스스로를 '무능한 인간'으로 여기며 위축된다.

에일리어스는 바로 그런 상황에 필요하다. 30대 초반이 되어 훌륭한 관리자들을 만나고, 나를 응원하는 고객도 만나자 '지금의 자신으로도 충분하다'고 생각하는 순간이 찾아왔다. 일이 잘 풀리는 것을 계기로 **'이곳에서의 일이 곧 인생'이라는 감각이 조금씩 흐려졌다.** 그 대신 새로운 감각이 내 안에 서서히 싹텄다. 마이크로소프트에서 일하는 나는 어디까지나 마이크로소프트라는 그릇을 사용하는 내 분신에 불과하다는 감각이었다. 그리고 그 분신과 진정한 내가 절묘하게 이어지자 마침내 과도한 자책에서 벗어날 수 있게 됐다. 업무가 제대로 돌아가면서 스스로를 메타인지할 여유가 생긴 덕분이었다.

혹시 회사의 특정 업무에서 변변찮은 평가를 받고 있는가? 그렇다 해도 좌절할 필요가 없다. 그 평가의 대상은 당신이 아니라 에일리어스일 뿐이기 때문이다. 이처럼 메타인지를 이용해 '내가 아닌 나'를 만들 때 우리는 스스로를 상처 입히지 않고 한결 가뿐하고 건강하게 살 수 있다.

성공 경험이라는 함정

한편 성공 경험이 독이 되는 반대 경우도 있다. 특정한 방식으로 성공을 거두고서는 '이것만이 내가 살아갈 방식이다!' '이 방식이라면 앞으로 절대 실패하지 않을 거야!'라며 섣부르게 판단하고 그 방식에 집착하는 것이다.

실패를 좋아하는 사람은 없다. 잘 풀리던 일이 어그러질 때는 누구라도 불쾌해진다. 하지만 **연승 기록은 언젠가 깨지기 마련이다.** 스포츠에 비유하면 이해가 쉽다. 어떤 분야에서든 압도적인 승률을 자랑하는 챔피언이 반드시 등장한다. 하지만 어떤 챔피언도 평생 연승을 할 수는 없다. 오히려 **연승 행진이 계속될수록 그 기록이 끊어질지 모른다는**

두려움이 강해지기 마련이다. 그럴 때 스포츠는 자신과의 싸움이 된다.

일을 하는 사람이라면 연승 행진을 이어가려 애쓰는 대신 새로운 방식을 시도해 보길 권한다. 예컨대 스모에서 성공했다면 복싱에, 복싱에서 성공했다면 스모에 도전해 보는 것이다. 나 역시 한 번 성공했던 업무나 효과적이었던 방식을 반복하려 한 적이 있다. 하지만 결국 '연승은 반드시 멈추게 된다'는 사실을 깨달았다. 그래서 어떤 일에서 성공을 거둘 때마다 이렇게 생각하려고 했다. **"이건 여러 에일리어스 중 한 명의 기능에 불과하니 빨리 다른 장소(업무)로 옮겨야겠다."**

'이번 일은 잘 해결됐다'라는 생각이 든다면 이는 한 번의 승리를 거두었다는 뜻이다. 이제부터 할 일은 게임의 종목을 바꾸거나 새로운 무대로 옮겨 가는 것이다. 챔피언 타이틀 방어전은 치르지 않는다. 남은 미련은 깨끗이 털어내고 새로운 일로 나아간다.

챔피언 타이틀에 집착하지 않을 때 우리는 훨씬 자유롭게 다

양한 승리를 할 수 있다. 혹시 과거의 성공 경험이 지금 당신의 발목을 잡고 있지는 않은가? 이제는 내려놓아 보자. 의식만 한다면 성공한 경험에 얽매이지 않고 새로운 곳으로 나아가는 태도는 누구나 가질 수 있다.

개성을 만드는 강점들

에일리어스 개념은 일상 속 다양한 상황에 적용할 수 있지만 특히 업무에 적용하면 많은 이점을 얻을 수 있다. 무엇보다 **'복업複業'이 쉬워진다.** '복업'이란 주된 일보다는 덜 중요한 다른 일을 하는 '부업'과 달리 **여러 가지 본업을 병행하는 일의 방식**을 말한다.

나는 현재 아홉 개 기업과 업무 위탁 계약을 맺었으며 두 곳의 대학에서 강의를 하고 있다. 아홉 개 기업 중 한 곳인 주식회사 히타치 제작소HITACHI에 나갈 때는 히타치의 '관계자'로서 행동하고, 주식회사 가지마 건설KAJIMA에 갈 때는 가지마의 '관계자'로서 행동한다. 그 외에도 강연이나 인터뷰, 집필 등의 일은 모두 나의 본업으로, 서로 다른 에일리어스가 활약하는 무대이다. 다양한 에일리어스가 활약하니 장소에 따라 내가 고객에게 주는 인상이나 고객이 내게 기대하는 능력이 완전히 달라지기도 한다. 어떤 회사에서는 '첨단 기술에 해박하다'는 특성이 부각되고, 다른 회사에서는 '관리에 능하다'는 면이 강조된다.

조합할 수 있는 에일리어스의 특성은 무궁무진하다. 이전에 뉴스픽스Newspicks에서 인터뷰를 했을 때 나의 에일리어스는 '다거점 생활(살고 있던 거주지 외 농촌 등지에 또 다른 집을 마련하는 생활 방식으로 일본에서 유행했다 - 옮긴이)을 하는 사람'이었고, 동시에 나의 특기인 프레젠테이션 능력을 살려 '남들 앞에서 말을 잘하는 사람'이라는 에일리어스도 내세웠다.

다만 이와 같은 상황에서 '첨단기술에 해박한 사람'이나 '관리에 능한 사람'과 같은 면은 필요하지 않다. 그 에일리어스는 얼굴을 내밀 필요가 없으며 **때와 장소에 맞는 에일리어스만 자유롭게 선택하면** 된다. 다양한 에일리어스를 찾고 선택할 수 있다면, **마치 자신을 게임 속 캐릭터처럼 활용할 수 있게 된다. 상황에 맞춰 최적의 에일리어스를 배치하고, 필요에 따라 적절히 바꾸면서 유연하게 대처할 수 있는 것이다.** 자신이 가진 특징과 강점의 수만큼 다양한 무기를 갖추게 되는 셈이다.

이처럼 자신을 메타인지하며 복업을 하면 단순히 수입뿐 아니라 스트레스 관리 차원에서도 이점이 생긴다. 에일리어스의 종류가 늘어난 만큼 한 회사에서의 에일리어스가 차지하는 비중은 상대적으로 작아진다. **한마디로 그 회사에서의 업무가 제대로 풀리지 않았을 때에 타격을 덜 받게 되는 것이다. 에일리어스를 통해 스트레스라는 위험을 리스크 헤지**risk hedge(주식투자에서 많이 쓰는 말로 손실을 최소화하기 위한 전략 - 옮긴이)하는 것이다.

최근 사적인 일로 질타를 받는 연예인이나 운동선수를 자주 보게 된다. 개인적으로는 법만 어기지 않는다면 사적으로 무엇을 하든 상관이 없다고 생각하나, 논란을 키우는 대중을 보면 개인에게 완전히 통일된 하나의 인격을 요구하는 듯 보인다. 그와 같이 과도한 요구를 받는 상황에서 여러 에일리어스를 두어 정신 건강을 지킬 수 있다면 훌륭한 리스크 헤지가 될 것이다.

좋아하는 일을 좋아하는 때에 좋아하는 대로 하라

앞으로 직원이 '복업'하는 것을 이유로 고용계약을 맺지 않으려 하는 회사는 점점 사라질 것이다. **정규고용과 종신고용을 전제로 한 회사의 명함만을 갖는 경력 관리 방식은 이미 일본에서도 붕괴하고 있다.**

해외에서는 더욱 일찌감치 막을 내렸다. 『100세 인생』의 저자 중 한 명인 영국의 조직이론가 린다 그래튼Lynda Gratton은 살면서 여러 차례 직장을 옮기는 동시에 여러 회사에 소속되어 자신의 시간과 기술을 자유롭게 쓰면서 일하는 세상이 도래했다고 주장한다. 그는 이를 '멀티 스테이지multi stage'라고 말하는데, 에일리어스 개념과도 자연스럽게 연결된다.

여기에는 다양한 이유가 있지만 웹 3.0 시대가 도래한 현실과 크게 관련이 있다. 웹 3.0이란 정보가 쌍방향이면서도 분산형으로 흘러가는 시대를 말한다. 우리는 홈페이지를 제작하는 사람과 그곳에 방문하는 사람 사이에 정보가 일방통행으로 흘렀던 웹 1.0 시대를 지나, X(구 트위터)나 인스타그램처럼 준비된 플랫폼에 모여 쌍방으로 정보를 주고받는 웹 2.0 시대를 통과하고 있다. 그리고 블록체인 기술의 발전으로 점점 더 많은 것이 중앙집권형에서 커뮤니티형으로 변해가고 있다.

커뮤니티에서 개인은 장소에 구애받지 않고 자신의 특성이나 기술을 살려서 자유롭게 활동할 수 있다. 개인은 여러 프로젝트에 동시에 참여하고, 자신이 가진 기술을 다양한 회사나 클라이언트에게 마음대로 제공한다. 거대 플랫폼 회사가 정보를 독점하는 대신 개개인의 집합체로서 커뮤니티의 영향력이 커지는 이와 같은 경향은 앞으로 더 두드러질 것이다. 요컨대 **웹 3.0 시대란 완전한 '개인의 시대'라**

고 말할 수 있다.

그렇다고 '지금 당장 여러 일을 시작하세요'라고 말하려는 건 아니다. 요점은 **'원하는 일을 원하는 때에 원하는 대로' 하면서 개인의 능력을 최대한으로 발휘하고 타인의 기대에도 부응하는** 시대가 되었다는 점이다. 거듭 강조하지만 회사는 우리가 일하는 장소로, 그저 '그릇'에 불과하다. 자신의 인생이나 정체성을 고스란히 맡길 장소는 아니다. 우리는 회사라는 '그릇'을 활용하면서도 자신의 특기를 조합한 에일리어스를 통해 자유롭게 일하고 행동할 수 있다. 그리고 그런 개인이나 개인이 모이는 기업이야말로 세상을 극적으로 바꾸어나갈 '게임체인저'로 우뚝 설 수 있다.

메타인지를 통해 '바깥'의 시점을
손에 얻으면 우리는 사소한 차이에
일일이 반응하지 않게 된다.
고정된 하나의 가치관에 얽매이기보다는
스스로 흥미를 느끼는 일을 추구할 수 있다.
그렇게 한결 자유로운 삶을 살아가게 된다.

META

PERCEPTION

CREATIVITY

CONNECTIVITY

INSIGHT

MILIA

SUSTAINABILITY

IDEATION

FACILITATOR

THINKING

2장

관찰력

정답을 거부할 때 비로소 보이는 가능성

THINKING

견본은 없고 잣대는 많다

지금 우리는 너무나 다양한 가치관이 공존하는 시대를 살고 있다. '세상에서 스포츠 약자를 없애자'라는 목표를 갖고 활동 중인 '세계 느슨한 스포츠 협회'는 이러한 현실을 잘 보여주는 사례다. '느슨한 스포츠'란 쉽게 말하면 '경기 규칙을 원하는 대로 만들어서 즐기는 스포츠'인데, 연령·성별·운동신경 등과 관계없이 누구나 다양한 스포츠를 즐길 수 있다.

일반 스포츠에서는 운동능력이나 재능, 기술을 타고난 사람이 더 쉽게 활약하며 많은 재미를 느끼기 마련이다. 실력이 좋은 사람은 실력이 좋은 사람끼리만 모이고 그렇지 않은 사람은 그렇지 않은 사람끼리 모인다면, 스포츠가 공동체의 결속에 기여한다는 본래의 취지와 달리 사회의 단절을 초래할 수도 있지 않을까.

우리에게는 발이 느려도, 키가 작아도, 장애가 있어도 상관없는, 이기든 지든 무관하게 모두가 즐길 수 있는 스포츠가 필요하다. '세계 느슨한 스포츠 협회'는 바로 그런 스포츠를 실제로 만들어내는 집단이다. 예를 들어 바구니가 기울면 공이 쏟아져 버리는 '시소 공 넣기'나, 모두가 500걸음밖에 움직일 수 없는 '500걸음 축구'(참고로 원래 축구에서는 500걸음을 넘기면 퇴장당하기 때문에 잠시 필드에서 휴식을 취해야 한다)가 바로 그것이다. 어린이부터 노인까지 누구나 즐길 수 있는 스포츠가 그들의 손에서 태어난다.

그들의 존재를 알았을 때, 나는 '바로 이거다'라고 느꼈다. **어떤 분야든 기존의 규칙을 따르기만 하는 방식으로 일하면 한계에 부딪힐 수밖에 없다.** 왜냐하면 지금 우리 사회를 이루는 개인의 가치관은 너무나 다양하며 빠르게 변화하고 있기 때문이다. 발이 빠른 사람이 있으면 느린 사람도 있고, 공을 멀리 던지는 사람이 있으면 던지기 자체가 서툰 사람도 있다. 동시에 누구에게든 절대 양보할 수 없는 중요한 가치가 있으며 몇 가지 잣대로는 그 가치의 옳고 그름을 재단할 수 없다. 그래서 기준은 다양해져야 하고 규칙은 이따금 바뀌어야 한다.

이 원칙을 비즈니스 세계에도 적용할 수 있다. 한동안 흔히 말하는 '좋은 대학'을 졸업하고 '좋은 회사'에 취직하는 것이 성공한 인생이라 여겨졌다. 하지만 그런 판단 기준은 이제 예전만큼 통용되지 않는다. 흔히 말하는 '좋은 회사'에 들어갔더라도 기대만큼 오래 다니지 못할 수도 있다. 학력 외에 개인의 능력을 평가하는 기준도 다양해지고 있다.

더 이상 '성공한 인생'의 본보기 따위는 존재하지 않으니, 각자 걸어야 할 길을 스스로 생각해야 한다.

결국 자신이 가진 '잣대'의 종류를 늘려나갈 필요가 있다. **자기 자신을 이해하고, 자기만의 방식으로 자신의 일을 정의하고, 스스로 동기를 부여해 나가야 한다. 더 다양한 잣대를**

가지고 인생을 정리해 나가야만 한다. 자신이 현재 놓인 위치를 이해하고 해결할 문제를 찾아내서 '언어화'할 수 있는 능력, 즉 '메타인지'의 힘이 어느 때보다도 강력하게 요구되는 시대가 도래한 것이다.

일의 기본이 달라졌다

최근 '직무형 고용'의 필요성이 크게 대두되고 있다. 직무형 고용이 무엇인지 야구선수를 예로 들면, 선수들이 팀에 입단할 때 각각 '투수' '타자' '포수'로 들어오는 것과 같다. '어느 포지션에 설지는 모르지만 일단 채용되는' 경우는 없다. 처음부터 수행해야 하는 일이 명확하게 정해져 있고 이를 달성하기 위해 계약되는 것이다. 많은 직장인도 이와 같은 시스템으로 고용된다. 과거처럼 직위에 맞는 사람을 고용하고 연공서열 중심으로 승진하는 시스템은 줄어드는 추세다.

그런데 이 직무형 고용에 대해서도 사람들은 흔히 '정

해진 내 역할만 충실히 하면 좋은 평가를 받는다'고 착각한다. 하지만 정해진 역할을 잘하는 것은 직무형 고용 시스템에 적응하기 위한 필요조건에 불과하다. 회사 입장에서는 그 일을 맡기기 위해 고용한 사람이니 그 일은 당연히 할 줄 알아야 한다. 즉, 자기 일을 잘하는 것은 최소한의 의무인 셈이다.

물론 투수로서 10승을 거둔다면 일정한 평가를 얻을 수 있을 것이다. 하지만 그 선수 외에도 10승을 거둘 수 있는 사람이 있다면 어떨까? 반드시 그 사람이 투수 역할을 해야 할 이유는 사라진다. 승률 외에도 대중적인 인기가 있는가, 팬 서비스를 잘하는가, 인터뷰 능력이 뛰어난가, 화려한 플레이를 펼치는가 등 그를 평가할 추가적인 요인이 있다. 10승을 거둘 수 있는 투수이면서 추가적인 능력까지 있어야 비로소 높은 평가를 얻는 것이 직무형 고용의 현실이다. 요컨대 **높은 평가를 받기 위해서는 '타인과 바꿀 수 없는' 존재여야만** 한다.

이 시스템에서는 교과서식 정답이 없다. 다시 말해, 프로로서 지켜야 할 최소한의 선은 정해져 있지만 **그 위에 어떤 능력을 추가로 쌓을지는 '직접 생각해야' 한다.** 물론 앞서 말한 것처럼 그 능력의 범위와 종류는 무궁무진하다. 이것이 직무형 고용의 본질이다.

나만의 강점을 찾는 법

'직무형 고용 때문에 살기가 더 팍팍해진 거 아니야?' 라고 불만을 제기하는 사람이 있을지도 모른다. 하지만 이렇게 생각할 수도 있다. **자신이 어떤 사람인지 파악하고 어떤 특성을 직업적으로 살릴지 찾아낸다면 활약할 장소는 얼마든지 생긴다.**

예를 들어 일정한 성적을 낼 수 있으면서 발표 능력까지 갖춘 투수라면 팬들 앞에 서서 말하는 대변인으로 활약할 수 있다. 발표 능력은 없지만 훈련 이론에 해박하다면 자신의 훈련 이론을 팀원들에게 공유하는 식으로 팀에 공헌할 수 있다. 경우에 따라서는 훗날 코치로서도 활약할 수 있다.

즉 **자신의 특기가 무엇인지를 메타인지하면, 그것을 통해 성과를 내고 조직에 환원할 수 있다.** 이처럼 자신의 강점을 찾으려면 우선은 자신을 알아야만 한다. 탐색하는 과정에서 다음 질문을 유용하게 활용할 수 있다.

나는 어떤 점에서 남에게 '감사합니다'라는 말을 들을 수 있는가?

'장점'이라고만 하면 다소 추상적이다. 더 구체적으로 자신이 어떤 행동을 했을 때 다른 사람에게서 감사를 받았는지 생각해 보자. 그러려면 먼저 스스로를 객관적으로 인식해야 한다. 평소에도 '지금 나는 어떤 행동을 하고 있나?'라고 자신에게 물음을 던져야 한다.

주의해야 할 점은 **회사나 조직에서 정해준 업무 이외의 부분에서 감사하다는 말을 들어야 한다는** 것이다. 거듭 말하지만 주어진 의무를 이행하는 것은 직장인으로서 당연히 해야 할 일이지 감사받을 일이 아니다. 한 달에 세 건의 계약을 따내는 것이 당신의 일이라면 이를 달성하더라도 '감사합니다'라는 말을 들을 수 없다.

주어진 일의 수행 외에 추가적인 역량을 어떻게 스스로 찾아내 정의할 것이며 어떻게 행동으로 연결할 것인지가 중요하다. 협업자의 부담을 덜어주는 일정 관리 능력이나, 교착 상태에 빠진 회의를 정리할 수 있는 진행 능력, 후배에게 동기를 부여하고 이끌어주는 멘토링 능력 등 누구든 주어진 업무 이외의 영역에서 누군가를 돕고 있으리라. 그런 자신만의 특기를 찾는 것이다.

만약 특기를 찾지 못하고 있다면 이는 위험신호이다. 정해진 업무를 수행할 뿐인데 자신이 유능하다고 생각하면서 멈춰 있다면 급변하는 시대의 흐름에 뒤처질 수밖에 없다.

사고가 정지한 사람

타인의 정의를 따라 살아갈 것인가, 스스로 정의 내리며 살아갈 것인가. 자기 자신에게 이와 같은 질문을 던지는 일은 무척 중요하다. 정신을 차리지 않으면 자신도 모르는 사이에 타인이 정해놓은 기준에 얽매인 채 살아가게 되기 때문이다.

법치국가의 국민인 이상 우리는 누구나 법률을 따라야 한다. 하지만 **법률 외의 모든 규칙은 강제력이 없다.** 다른 사람과의 충돌을 피하기 위해 만든 규칙들에는 보다 유연하게 접근할 필요가 있다는 뜻이다. 예를 들어 '대중교통에서는 고령자에게 자리를 양보해야 한다'라는 규칙이 있지만 가끔 젊더라도 몸이 아픈 사람에게 자리를 양보해야 할 때가 있다. 하지만 몸이 아픈 청년과 고령자가 눈앞에 있을 때 우리는 이렇게 생각하기 쉽다.

'이 청년은 몸이 좋지 않아 보이니 자리를 비켜줘야 할 것 같아. 하지만 노약자석은 고령자에게 양보해야 하는데….'

왜 우리는 이렇게 규칙을 지켜야 한다는 믿음에 얽매이는 걸까? 나는 규칙을 준수하고 칭찬을 받은 어린 시절의 경험 때문이라고 생각한다. 학창 시절부터 우리는 수많은 규칙에 둘러싸여 살았고, 규칙을 지키면 선생님이나 어른들에게 착한 아이로 칭찬받곤 했다. 그 결과 자신에게 주어진 규칙이 정말로 옳은 것인지를 의심하지 않게 되었다.

누군가가 정한 규칙을 곧이곧대로 따르는 이유는 단순하다. 그것이 편하기 때문이다. 그렇다, **사고를 멈추면 편하다.**

하지만 나는 다음의 내용을 힘주어 전하고 싶다. **사실**

정답이 무엇인지는 누구도 알지 못한다. 그리고 이전과 달리 새로운 국면을 마주한다면 스스로 생각해야만 한다.

비즈니스의 세계에서는 관련된 최소한의 법률 외에 고정된 규칙이 없다. 간혹 암묵적인 합의나 규칙이 있기는 하지만, 그것을 지킨다 한들 일정한 성과를 거두지 못한다면 아무도 인정해 주지 않는다. 반대로 **이익을 거둘 수 있다면 규칙을 깨부수는 것이 정답인** 경우도 무척 많다. 그러니 '규칙은 스스로 만들어가는 것'이라는 생각이야말로 성공적인 비즈니스의 시작이 될 것이다.

고객이 정답이라는 말의 함정

지금은 자신의 손으로 규칙을 만드는, 게임체인저라 불리는 기업이 크게 성공하는 시대이다. 샌프란시스코와 도쿄에 지점을 둔 디자인 회사인 비트랙스BTRAX 합동회사의 CEO이자 나의 친구인 브랜던 힐Brandon Hill은 "고객 제일주의는 유저User 중심 디자인이 아니다"라고 말한다. 대체 무슨 뜻일까? 내 나름대로 설명해 보겠다.

포드Ford는 사람의 이동 수단을 마차에서 자동차로 완전히 바꾸어놓은 기업이다. 포드 이전까지 도로 위는 자동차 대신 말이 차지하고 있었으며 고객의 욕구는 그저 '빨리 달리는 마차'를 원하는 수준이었다. 대부분은 내연기관이 달린 이동 수단이라는 존재를 상상조차 하지 못했다.

포드의 창업자인 헨리 포드Henry Ford는 마차의 성능 대신 대신 고객의 니즈에 집착했다. 그는 고객의 문제를 추상화하고 그 본질이 '빨리 이동하고 싶다'임을 알아차렸다. 그리고 그렇게 인간의 이동 수단이 마차에 국한될 필요가 없다는 사실을 깨달았다. 이 순간이 바로 그의 기업 포드가 성공의 첫 단추를 끼운 순간이었다.

세일즈 면에서도 포드는 놀라운 능력을 보여줬다. 경쟁사였던 벤츠가 포드보다 먼저 내연기관을 탑재한 자동차를 발명했을 때 많은 사람은 이를 '악마의 탈것'이라며 두려워했다. 상상해 보라. 말도 아니고 살아 있는 것도 아닌 한 번도 본 적 없는 물체가 도로 위를 휘젓고 다닌다. 심지어 그 움직이는 쇠수레 안에는 불이 활활 타오르고 있다. 누구라도 겁을 먹을 수밖에 없는 상황이었다. 그런 사람들에게 아무리 '자동차가 마차보다 뛰어나다'고 이야기해 봐야 선뜻 받아들여 주었을 리 없다.

포드는 고객 니즈의 본질을 찌르며 이렇게 질문했다.

"평소 마차를 탈 때 답답함을 느끼지 않았나요? 아마 목적지까지 가는 시간을 단축하고 싶다고 생각했을 겁니다."

이어서 그는 마차의 구체적인 문제점을 꼽았다.

"마차는 걷는 것보다 조금 더 빠른 수준이죠. 그런데도 말의 컨디션을 관리하는 일은 여간 까다로운 게 아닙니다. 사료값은 또 얼마나 비싸고요."

그렇게 그는 대중에게 자동차의 편리성과 필요성을 설득해 나갔다. 그의 방식은 한 세기를 거스른 오늘날에도 비즈니스에서 과제를 해결할 때 거의 그대로 적용되고 있다.

고객의 니즈를 추상화해서 본질을 파악한다. 그런 다음 범용적인 해결 방법을 제안한다. 그러면 고객은 한결 수월하게 제안을 받아들인다.

성공적인 제품이나 서비스를 내놓기 위해서는 이처럼

고객보다 한발 앞서 나가야 한다. **고객 스스로도 아직 눈치 채지 못한 그들의 과제를 납득할 수 있는 형태로 '언어화'해야** 한다.

차량 공유 서비스인 우버Uber와 리프트Lyft의 사례를 통해 포드의 원칙이 현대까지 적용됨을 확인할 수 있다. 차량 공유 서비스가 등장하기 전 사람들에게 주어진 선택지는 택시뿐이었다. 그들의 니즈는 '더욱 빠르고 저렴하게 목적지까지 가고 싶다'는 것이었다. 기존의 관습과 규칙 밑에서는 모두가 '차량을 많이 보유한 새로운 택시 회사를 세운다'는 대안밖에 떠올리지 못했다.

하지만 우버와 리프트는 '빠르고 저렴하게'라는 니즈를 깊이 파고들어서 '차량 공유'라는 새로운 서비스를 만들어냈다. 그들은 평범한 시민에게 운전대를 잡게 해 택시의 수를 늘리지 않고도 운전자가 딸린 차량의 수를 증가시켰다. 어플에 차량의 현재 위치와 목적지가 표시되기 때문에 이용객은 품질 면에서 택시에 뒤처지지 않는 서비스를 누리면서도 훨씬 수월하게 차량을 예약하고 이용할 수 있게 됐다. 물론 가격까지 저렴했다. 그렇게 우버와 리프트는 단숨에 자동차 사회인 미국에 확산되었다.

이 외에도 시대를 선도하는 혁신을 일으킨 기업은 하나같이 고객 니즈의 '본질'을 파악했다. 이를테면 X(구 트위터)는 '더욱 공평하고 신속하게 정보를 얻을 수 있는 수단이 필요하다'는 고객의 니즈를 파고들었다. 그러고는 '유저가 적극적으로 정보를 발신할 수 있으면서 소규모 그룹 간의 의사소통 또한 가능한 플랫폼'이라는 대안을 내놓았다(앞으로 어떻게 달라질지는 알 수 없다). 세계적인 숙박 공유 서비스인 에어비앤비Airbnb 역시 '성수기에도 숙박시설을 확보하고 싶다' '조금이라도 저렴하게 숙박시설을 이용하고 싶다'라는 니즈를 파고들어 '민박'이라는 접근법을 취했다.

즉, "고객 제일주의는 유저 중심 디자인이 아니다"라는 말은 **'고객의 욕구를 그대로 실현시켜 주는 것이 정답은 아니'**라는 뜻이다. 비즈니스 현장에서는 '고객의 목소리를 들어라'는 말을 자주 듣게 되지만, 고객이 하는 말이 항상 정답은 아님을 이러한 사례들이 보여주고 있다. 아무리 설문조사 등을 통해 고객의 목소리를 수집한다 해도 그것만으로 고객의 니즈를 완전히 파악하기는 어렵다. 심지어 고객이 원하는 바를 충실히 따르다가 사업이 실패하는 경우도 매우 많다. 그러니 진실은 이렇다.

고객이 하는 말이 무조건 옳다고 볼 수는 없지만 확실한 니즈는 고객 안에 있다.

'페인 포인트'에 주목하라

오늘날 전 세계인이 이용하는 OTT 플랫폼 넷플릭스NETFLIX는 약 30여 명의 직원이 웹사이트로 예약을 받고 우편으로 DVD를 대여해 주는 서비스로 시작했다. 그들은 등장 초반부터 시장에 큰 충격을 안겨주었다. '15달러만 내면 온라인에서 클릭 한 번으로 무제한 대여, 배송료도 연체료도 없음'이라는 파격적 원칙 때문이었다.

이 파격적 원칙은 누군가의 사소한 경험에서 시작되었다. 바로 넷플릭스의 창업자 리드 헤이스팅스Reed Hastings가 과거 DVD 반납일을 잊어버렸다가 거액의 연체료를 물어야 했던 사건이다.

당시 DVD 대여 시장의 거물이었던 블록버스터Blockbuster는 넷플릭스를 비웃었을 확률이 높다. 그때까지 많은 이들이 DVD를 '자동차로 이동하는 출퇴근길에 빌려온 후 집에서 보는 것'으로 인식했기 때문이다. 게다가 반납이 되어야 다음 사람에게 대여가 가능하므로 연체료 없는 DVD 대여 시스템은 재정 적자로 이어질 수밖에 없었다.

넷플릭스 또한 DVD를 대여해 주던 초반에는 고전했다. 하지만 '정기 구독 모델'을 통해 확보해 두었던 고객 동향과 인기 작품 경향 등의 데이터는 머지않아 인터넷 시대가 열렸을 때 그들에게 강력한 무기가 되었다.

넷플릭스는 스트리밍 형태로 영상을 배포하는 시대의 흐름에 가장 먼저 올라탔고 지금까지도 승승장구하고 있다. 반면 인터넷 스트리밍 시대의 흐름을 타지 못한 블록버스터는 도산하고 말았다. 여담이지만 넷플릭스가 내걸었던 유명한 슬로건으로 'Don't give up on your dreams. We started with DVDs(너의 꿈을 포기하지 마. 우리는 DVD로 시작했어)'가 있다. 이 이야기를 들으니 왠지 조금 용감해지는 것 같지 않은가? 나는 지금도 종종 이 문구를 떠올리곤 한다.

넷플릭스는 아이디어로 승리를 거둔 전형적인 사례다. 더 정확히 말하면 당시 넷플릭스는 **고객의 '페인 포인트pain point'를 제거하는 전략**으로 성공했다.

여기에서 페인 포인트란 '고객의 고충'을 의미한다. 당시 DVD를 대여해 보던 고객에게 가장 성가신 부분은 바로 넷플릭스의 창업자도 경험했던 '연체료'였다. 연체료에 의존하지 않는 새로운 비즈니스 모델을 구축한 결과가 바로 '15달러 정기 구독'이었던 셈이다. 구독 모델은 고객이 실제로 DVD를 빌리는지의 여부와 상관없이 지속적으로 수익을 창출할 수 있다. 또 계약만 하고 DVD를 빌리지 않는 고객이 일정 수 존재한다면 일부 고객이 빌린 DVD를 반납하지 않더라도 사업에 큰 타격을 입지 않을 수 있다.

이 점에서 독자들은 고객의 페인 포인트를 멋지게 제거한 넷플릭스의 접근법이 포드의 접근법과도 동일함을 깨달았을 것이다. 포드는 '마차는 느리다'라는 고객의 페인 포인트를 제거하기 위해 빠른 마차가 아니라 '빨리 이동할 수 있는 이동 수단'으로서 자동차를 제시했다.

여기서 유의해야 할 점은, **고객은 스스로의 페인 포인트는 기꺼이 알려주지만 '자동차가 갖고 싶다!'라는 해결책까지 알려주지는 않는다**는 사실이다. 넷플릭스의 경우 고객은 '연체료가 싫다' '연체료 없는 DVD 대여점은 없어?'라는 것까지는 말해주지만 '구독 모델이 필요해'라고는 결코 말하지 않는다. 생각해 보면 당연한 일이다. **고객은 자신이 원하는 이익에는 관심이 있지만 서비스를 제공하는 기업의 이익에는 아무런 관심이 없기 때문**이다. 연체료를 받지 않는 DVD 대여점이 망할 가능성은 전혀 염두에 두지 않는다.

넷플릭스의 혁신성은 고객이 찾아주지 않는 문제의 답을 자신들이 직접 찾아낸 데 있었다. 그들은 고객의 페인 포인트를 주워 담아서 문제의 본질을 파악하고, 그에 대한 대답으로 연체료 없이 이익을 거둘 수 있는 비즈니스 모델을 만들어냈다.

그들의 올바름은 틀렸다

지금까지 비즈니스에서 혁신을 이룬 기업들이 고객의 페인 포인트를 효과적으로 해결해 왔음을 살펴보았다. 마찬가지로 개인의 커리어 문제에도 '페인 포인트 제거'라는 관점을 적용할 수 있다.

과거 많은 이가 공통적으로 경험한 페인 포인트는 학력, 직장, 직함과 같은 고민거리였다. 페인 포인트에 대한 해결책으로는 '유명 대학에 입학해야' '일류 기업에 취업해야' '자격증을 취득해야'처럼 '~해야 주의'가 많았다. 하지만 이제 그와 같은 사고방식이 정답으로 통용되는 시대는 지났다. 학력이나 회사의 규모와 무관하게 오직 실력으로 경쟁하는 인재가 늘고 있다.

그렇다면 지금 당신의 페인 포인트는 무엇인가? 일과 삶에서 무엇을 얻고 싶은가? 만약 현재 자신의 과제조차 보이지 않는다면 당신에게는 '새로운 잣대'가 필요한지도 모른다. **자신이 속한 회사나 조직, 커뮤니티가 아닌 '외부의 잣대'로 스스로를 메타인지하는 것부터 시작하는 편이 좋다.**

줄곧 몸담았던 회사나 조직, 커뮤니티에만 속해 있었다면 그곳에서 나왔을 때 어떤 일이 벌어질지 두려운 게 당연하다. 그래서 '첫걸음'을 내딛기가 점점 어려워지는 것이다. 물론 '바깥' 세계로 나갈 용기를 내기란 좀처럼 쉽지 않음을 알고 있다. 하지만 그런 사람들이 깨달았으면 하는 것이 있다. 바로 현재 있는 장소나 조건을 모두 내다 버리고 몸뚱이 하나만으로 '바깥' 세계에 나갈 필요는 없다는 사실이다.

현재 있는 곳으로 돌아올 수 있는 기반을 확보해 놓은 뒤, 그 외의 장소에 잠깐씩 참가하는 식으로 '바깥' 세계를 알아나가면 된다. 그렇게 '바깥' 세계의 사람과 교류하다

보면 자신의 회사 안에서 그럴듯하게 통하던 것들이 어느 순간 촌극처럼 느껴질지도 모른다. 물론 반대로 새롭게 좋은 점을 인식하게 될 수도 있다.

아무튼 **'바깥' 세계를 모르면 자신이 무엇에 얽매여 있는지를 객관적으로 볼 수 없고, 안에 머물고 있는 현실이 자신에게 진정으로 행복을 가져다주는지의 여부를 확실히 인식할 수 없다.**

기업명이나 직함이 없는 자신에게 어떤 가치가 남는지 체험해 보는 것은 인생에 큰 재산이 될 것이다. 언젠가는 모든 이들이 기업명이나 직함이 없는 맨몸으로 돌아가게 될 테니 말이다.

'퍼스트 펭귄'의 비밀

기존 틀의 '바깥'으로 나가 활약하는 개인은 무수히 많다. 나의 지인인 쓰보우치 지카坪内知佳 씨가 바로 그런 사람이다. 어업계에 뛰어든 싱글 맘과 어부들의 성공 스토리를 다룬 일본의 드라마 〈퍼스트 펭귄!〉(2022)의 모델이기도 한 그는 본래 객실 승무원을 꿈꾸며 외국어대학교에 진학했다. 하지만 계속해서 건강 문제에 시달렸으며 한때 악성 림프종이라는 오진으로 인해 시한부 선고를 받기도 했다. 결국 그는 건강을 이유로 대학교를 중퇴한 뒤 남편, 아이와 함께 야마구치현으로 거처를 옮겼고 이후 이혼해 싱글 맘이 되었다.

그곳에서 그는 친구와 함께 번역 컨설팅 회사를 운영하는 등 파란만장한 인생을 보냈다. 그러던 중 컨설팅의 일환으로 지역 수산업과 접점이 생기면서 그의 인생에 다시 한번 전환점이 찾아왔다. 그전까지 그는 수산업과 전혀 무관한 삶을 살았지만, 이 일을 계기로 수산물의 가공·유통·판매에서 발생하는 낭비나 관련 법률의 미비를 알게 되었다. 일찍이 병력病歷을 통해 식생활의 중요성을 통감했기에, 그는 지역 어민들을 한데 모아 수산업의 6차 산업화에 나섰다.

6차 산업화란 1차 산업인 생산을 담당하는 농림어업자가 2차 산업에 해당하는 식품 가공과 3차 산업에 해당하는 유통 및 판매에서도 활약함으로써 생산물의 품질을 높이려는 시도를 말한다. 쉽게 말해 물고기를 시장에 내다 파는 역할만 하던 어민들이 직접 수산물을 가공하거나, 유통·판매할 수 있도록 비즈니스 모델을 구축하는 일이다.

어업에 관해서는 일자무식인 데다 아이까지 둔 여성

이 험난한 어업의 세계에 뛰어들었으니 처음에는 많은 난관에 부딪혔다. 하지만 그는 결국 음식점 등의 고객과 어민들을 직접 연결하는 데 성공했고, 시장을 거치지 않고 신선한 생선을 단시간에 소비자에게 전달하는 판매 구조를 만들었다. 어민은 스스로 가공과 유통에 관여함으로써 수입이 늘고 개인 소비자와 음식점은 신선한 생선을 빠르게 손에 넣는, 그야말로 윈윈Win-Win하는 비즈니스였다. 그의 노력이 빛을 발한 결과 지금 야마구치현의 어민들은 전국적으로 여러 어항漁港의 사람들과 함께 비즈니스를 전개하게 되었다.

쓰보우치 씨가 이와 같은 비즈니스 모델을 가장 먼저 생각해 낸 사람은 아닐지도 모르지만, **이 사업에 가장 먼저 뛰어든 것은 쓰보우치 씨였다.** 미국에서는 위험을 두려워하지 않고 도전하는 첫 번째 사람을 '퍼스트 펭귄'이라 부른다. 물고기를 찾아 무리에서 벗어나 위험천만한 바닷속에 가장 먼저 뛰어드는 펭귄에서 유래한 말이다. 쓰보우치 씨는 확실한 '퍼스트 펭귄'이었다.

요즘 우리 주변에는 쓰보우치 씨와 같은 퍼스트 펭귄들이 빠르게 늘고 있다. 자신이 좋아하는 일이나 아이디어를 활용해 사업을 시작하는 사람을 어렵지 않게 찾을 수 있다. 꼭 사업이 아니라도 특기를 살려 부업 혹은 복업을 하는 것도 본질은 같다. 핵심은 **'바깥'으로 나와 '자신의 인생에서 일어날 일을 스스로 선택할 자유'를 되찾는** 것이다. 그런 자유야말로 자신을 행복하게 만들고 나아가 가족, 친구, 고객과 함께 행복하게 사는 비결이다.

'내가 그런 도전을 할 수 있을 리 없어.'

'꽤 위험한 삶의 방식이다.'

새로운 도전을 앞두고 이와 같은 생각이 드는가?

다음 장에서는 그런 '믿음'을 덜어내는 연습을 해보려 한다.

그렇다면 지금 당신의 페인 포인트는
무엇인가?
일과 삶에서 무엇을 얻고 싶은가?
만약 현재 자신의 과제조차 보이지 않는다면
당신에게는 '새로운 잣대'가
필요한지도 모른다.
핵심은 '바깥'으로 나와
'자신의 인생에서 일어날 일을
스스로 선택할 자유'를 되찾는 것이다.
그런 자유야말로 자신을 행복하게 만들고
나아가 가족, 친구, 고객과 함께
행복하게 사는 비결이다.

PERCEPTION

CREATIVITY

CONNECTIVITY

INSIGHT

SUSTAINABILITY

IDEATION

FACILITATOR

THINKING

3장

창의력

통념의 함정에서 벗어나 생각의 주도권 되찾기

THINKING

한 번도 실패한 적 없는 사람

이 장에서는 자신이 고집해 온 믿음을 내려놓고 '바깥'으로 나올 수 있는 실마리를 소개하고자 한다. 사람은 본래 스스로 생각한 대로 살아갈 수 있어야 하지만, 현실에서는 그렇지 않은 경우가 많다. 각자의 고집스러운 '믿음'에 얽매여 좁은 시야에 갇혀버리기 때문이다.

믿음에 대해 생각할 때면 언제나 떠오르는 이가 있다. 과거 나의 팀원이었으며 현재는 일본 마이크로소프트의 상임 고문인 오야이즈 아쓰시小柳津篤 씨다. 그는 마이크로소프트의 본부장으로 일하다가 나의 팀에 일개 팀원으로 자원해 온 사람이었다. 그만큼 직함을 중요하게 생각하지 않았고 자신이 좋아하는 일을 자유롭게 선택하는 사람이었다. 어느 날, 일대일 면담에서 그는 내게 이런 말을 했다.

"저는 말이죠, 지금까지 실패를 해본 적이 없어요."

혹시 그가 너무 오만하다는 생각이 들었냐고 묻는다면 아니라고 대답하겠다. 그가 뒤이어 이렇게 말했기 때문이다.

"왜냐하면 결과가 제 생각과 달랐을 뿐이거든요."

재미있지 않은가? 많은 이가 기대한 결과가 나오지 않았을 때 '실패했다'고 말한다. 그런 생각 때문에 실제 그 일은 '실패'가 되어버린다. 하지만 그는 실패가 아니라 **'예상과 현실이 달랐던 것에 불과하다'**고 생각했다. 즉, 같은 일을 다르게 해석한 것이다.

대부분의 사람은 한 번 실패하면 '또 실패할지도 모른다'는 두려움을 느낀다. 하지만 그는 많은 사람이 실패라고 생각하는 일을 실패로 여기지 않았다. 실패하지 않았으니 다음 행동에 나설 때 두려움을 느낄 이유가 없었다.

'잘 풀릴 거라 생각했는데 어째서인지 예상치 못한 결과가 나왔네. 다음에는 다른 방식으로 시도해 봐야겠다.'

그는 몇 번이고 그런 식으로 행동과 수정을 반복했고 목표를 향해 최적의 방향으로 나아갔다.

그를 처음 만났을 때 나는 나의 실패에 꽤 엄격한 사람이었다. 지금도 그런 경향이 없다고는 할 수 없지만 전과는 확실히 달라졌다.

'이렇게 살아갈 수도 있구나. 어떤 시도의 결과가 실패인지 아닌지는 보는 사람의 관점에 달린 것이구나.'

그를 만나 눈이 번쩍 뜨였다.

핵심은 **실패를 실패로 간주하지 않는 관점이 '의지'에 달려 있다**는 사실이다. 현재 가진 고민이나 믿음을 기존과 다르게 바라보려면 그런 관점을 유지하려는 노력이 필요하다. 어떤 결과가 예상과 달랐을 뿐이라고, 얼마든지 다른 기회나 길이 있다고 스스로에게 일러주고 새로운 관점을 상기시키다 보면 기존의 고정관념에서 조금씩 자유로워지게 된다.

생각에만 그치지 말고 그 '의지'를 머릿속에서 세상 밖으로 꺼낸다면 도움을 받을 수 있다. 공책이나 메모장에 '예상과 현실이 다르더라도 실패라 생각하지 말자'라고 써놓는 등 생각을 눈으로 볼 수 있는 상태로 만들자. 이러한 작은 행동들이 자신의 믿음을 바꾸고 더 나은 방향으로 나아가는 데 큰 의지가 되어줄 것이다.

상황을 내 편으로 만드는 법

실패를 실패로 만드는 것은 이미 벌어진 일을 어떻게 '해석하느냐'에 달린 문제로, '의지'에 따라 같은 일이 실패가 될 수도 있고 아니게 될 수도 있다고 말했다. 그럼에도 사람들이 보통 어떤 상태에서 중요한 선택이나 판단을 그르치게 되는지는 알 필요가 있다. 실수를 저지를 때의 컨디션을 알아야만 예방이나 준비를 할 수 있기 때문이다.

결론부터 말하면 **누군가가 중요한 선택이나 판단을 그르칠 때는 분명 '여유'를 잃었을 때**다. '아무리 머리가 좋은 사람이라도 여유가 없어지면 터무니없는 실수를 저지른다'라는 취지의 발언을 들은 적이 있다. 매우 정확한 말이다.

일에서나 삶에서나 여유는 무척이나 중요하다.

여유가 무엇이며 어떤 상태가 여유 있는 상태인지 묻는다면 사람마다 답이 다를 것이다. 누군가는 시간적 여유를, 누군가는 금전적 여유를, 또 다른 누군가는 에너지나 체력적 여유를 중요하게 생각한다. 또한 이유 없이 짜증이 나거나 기분이 개운치 않은 날이 누구에게나 찾아오는 것처럼 감정적인 여유 또한 중요하다.

이와 같은 여유가 없는 상태일 때 대부분의 사람은 어처구니없는 실수를 저지르게 된다. 내 경우에는 공복일 때, 즉 에너지의 여유가 없으면 문제가 발생한다. 쉽게 짜증이 나고 판단력이 흐려져서 평소에 하지 않을 법한 잘못된 결정을 내린다.

여기서 핵심은 **자신은 어떠한 요인에 의해 여유가 없어지는지를 미리 파악해 두어야 한다는** 것이다.

'왜 자꾸 같은 실수를 되풀이하고 있지?'

그런 생각이 들 때가 자신을 파악할 기회다. 스스로를 메타인지해서 여유가 사라지고 실수가 잦아지는 순간을 명확히 인식해 두자. 그리고 **가능하다면 그 사실을 주변과 공유해 두어 불필요한 실수를 줄여보자.** 잦은 실수는 사람들과의 커뮤니케이션에 부정적인 영향을 끼치기도 하니 인간관계를 잘 유지하기 위해서라도 추천한다.

내 경우는 2020년에 회사를 그만두고 독립한 뒤 아내와 함께하는 시간이 길어졌는데, 그때 속이 출출해지면 여유가 없어진다는 사실을 미리 아내에게 알려두어서 불필요한 갈등을 막을 수 있었다. 또 평소에는 일이 많고 바쁜 때일수록 더 확실하게 식사 시간을 안배해 둔다.

사람마다 여유를 잃게 되는 요인과 상황이 모두 다르므로 하나의 정답은 존재하지 않는다. 8시간 이상 자지 못할 경우 여유가 없어지고 판단력이 흐려지는 사람이 있는가 하면 6시간 수면만으로 충분한 사람이 있다. 남에게 알려주기에는 다소 사적인 영역이라고 느낄 수도 있지만, 오히려 그렇기 때문에 소중한 대인관계에 문제가 생기지 않도록 신뢰할 만한 사람과 공유하는 것이 좋다.

또 한 가지 일러두고 싶은 것은 부정적인 상태에서만

여유를 잃는 것은 아니라는 사실이다. 이를테면 '나는 무서운 것이 없다' '무적이다'라고 자신만만해하던 사람이 느닷없이 큰 실수를 저지르는 경우가 있다. **그처럼 자신감이 과한 사람은 실제로는 여유가 없을 확률이 크다.** 스스로를 돌아볼 여유를 잃어버린 것이다.

부정적인 감정에 사로잡혀 있을 때 사람은 문제의 원인을 찾는 쪽으로 생각하기 쉽다. '왜 이런 일이 벌어졌는가?'를 고민하는 순간이 메타인지로 이어진다면 그보다 더 나쁜 사건을 예방하는 데 도움이 될 수 있다. 하지만 오만해져 있을 때는 그런 반성을 하지 못하므로 오히려 위험하다. 자신감 있는 사람이 그렇지 못한 사람에 비해 일을 더 여유롭고 수월하게 처리할 수 있다는 통념과 달리, 자신감이 과하다면 도리어 여유를 빼앗길지도 모른다.

'최소한의 선만 지키면 무엇이든 OK'

'고집스러운 믿음' 이야기로 돌아가 보자. 여러분에게도 에스컬레이터를 반드시 한 줄로 타거나, 주변에 노약자가 없어도 대중교통의 노약자석을 비워둔 경험이 있을 것이다. 물론 혼잡한 출퇴근 시간에는 한 줄로 에스컬레이터를 타거나 노약자석을 비워두는 시도에 의미가 있을 수 있다. 하지만 혹시 아무런 의문 없이, 그저 그렇게 하라고 배워왔기 때문에 습관적으로 규칙을 따르고 있지는 않은가?

나는 대중교통에서 노약자석 여부는 고려하지 않고 비어 있는 자리라면 어디든 앉는다. 하지만 필요하다고 생각되는 사람에게는 노약자석이 아니더라도 언제든 자리를 양보한다. 노약자석이니까 양보한다는 규칙은 내게 무의미하다. 내게는 모든 좌석이 노약자석이다.

이와 비슷한 믿음이나 고정관념, 습관적인 규칙을 비즈니스 현장에서도 쉽게 찾을 수 있다. 혹시 당신이 속한 조직에도 컴퓨터 및 전자기기 사용과 관련한 규칙이 산적해 있지는 않은가? 'USB 메모리를 사용해서는 안 된다' '회사 컴퓨터를 반출해서는 안 된다' 등 많은 기업이 정보기술에 관한 '금지사항 모음'을 만들어둔다. 그리고 대다수의 사람은 이 규칙을 지키는 데만 집중한다.

하지만 잘 생각해 보면 이와 같은 규칙은 정보의 유출을 막기 위한 도구일 뿐이다. 그러니까 **필요한 것은 '금지사항 모음'이 아니라, 정보가 유출되지 않는 '구조'와 정보를 유출시키지 않아야 한다는 개인의 '의식'**이다.

내가 일했던 마이크로소프트는 일찍부터 직원들이 개인용 컴퓨터를 사용할 수 있도록 허용했고 어디서든 사내 네트워크에 접속해도 무방하다는 분위기였다. 사내 자원을 이용할 때 필요한 것은 도메인 인증 과정뿐이었다. 유저만 특정할 수 있다면 무엇이든 OK였다. '금지사항 모음'이 극단적으로 적은 조직이었던 것이다. 이처럼 '최소한의 선만 지키면 무엇이든 OK'라는 사고방식은 무언가를 하려고 할 때마다 규정집을 참조해야 하는 번거로움을 완전히 줄여주었다. 많은 직원이 더 편하고 신속하게, 만족스럽게 해야 할 업무에만 집중할 수 있었다.

반면 많은 회사에서 방대한 양의 금지사항을 마련해두었음에도 불구하고 정보 유출 사건이 끊이지 않는 이유는 무엇일까? 사람들이 **그저 눈앞의 규칙에만 얽매인 나머지 '정보 유출을 막으려면 어떻게 해야 할까?'라는 더 중요한 질문을 하지 못하기** 때문이다.

마이크로소프트에서 나의 동료 대부분은 무척 성실하게 업무에 임했고, 집에서든 밖에서든 평일이든 주말이든 회사 데이터를 이용하고 싶어 했다. 육아 등 피치 못한 사정으로 평일에 끝내지 못한 업무는 야간이나 주말 시간을 이용해서 만회하고자 했다. 만약 회사에서 정보 유출 예방을 이유로 개인 컴퓨터 사용을 금지했다면 어땠을까? 회사에 들키지 않기 위해 더욱 위험한 네트워크에 의존했을지도 모른다. '금지사항 모음집'을 늘릴수록 사람은 열심히 샛길을 찾게 되고, '정보를 유출해선 안 된다'와 같은 상위 원칙을 잊게 된다. 본말이 전도되는 것이다.

이러한 사고방식은 개인의 '믿음'에도 그대로 적용할 수 있다. 자신에게 부과된 규칙을 '금지사항 모음'에 담아두지 말자. 반대로 **'이것만 지키면 OK'라는 최소한의 규칙을 설정할 때 행동은 자유로워지고, 실수 또한 줄일 수 있다.**

비교를 통해 개성을 찾는다는 착각

어째서 사람은 '금지사항 모음'을 만드는 걸까? 나는 이에 대해 '타인의 시선'을 의식하기 때문이라고 생각한다. 즉, 자기 안에서 원칙에 대한 질문과 답을 찾는 대신 '다른 사람은 어떻게 생각할지'를 판단의 기준으로 삼는 것이다.

외부의 시선 혹은 평가를 의식하며 자기의 행동을 속박하는 경우는 우리 주변에 매우 흔하다. 많은 이가 타인과의 비교 혹은 평가에 휩쓸려 자신이 해야 할 일에 자신감과 판단력을 잃고 만다. 예를 들어 보자. 스스로는 요리가 특기라고 생각하지만 'A 씨가 요리를 엄청 잘한다' 'B 씨는 경연대회에서 우승한 적도 있다'라는 타인의 말에 휘둘렸다간 '내 실력은 우물 안 개구리에 불과하다' '고작 이 정도로는 요리를 특기라고 할 수 없다'라는 결론에 이르게 된다.

반면 '나는 요리가 특기고, 내 실력을 개발하기만 해도 충분해'라고 생각한다면 다른 사람의 말에 상관하지 않을 수 있다. 설령 무슨 말을 듣더라도 '아, 그러셔?' 하고 자신만의 길을 가면 그만이다. **즉 '이 정도면 충분해'라고 스스로 정해놓은 기준이 확실하다면 타인과 비교할 일이 없어지고 필연적으로 독자적인 존재가 된다.**

일전에 한 강연에서 어떤 학생이 나에게 '타인과의 비교가 의미 없다고 하는데, 개성을 개성으로 인식하려면 타인과 비교해야 할 필요도 있지 않을까요?'라는 질문을 던졌다. 누군가는 그렇게 생각할 수도 있다. 하지만 나는 다르게 이야기하고 싶다.

상대적인 비교를 해야만 개성을 인식할 수 있는 것은 아니다. 당신이라는 사람은 이 세상에 하나뿐이고 이미 그 자체로

다른 무엇과도 다른 독창적인 존재다. 개성은 이미 당신 안에 존재한다.

타인과의 비교보다는 **'나는 내가 하고 싶은 것을 한다'**라는 상태를 찾고 거기에 집중하는 편이 낫다. 주변과는 다른, 주변에서는 하지 않는 무언가를 해야만 한다는 생각 때문에 '나를 찾아 떠나는 세계 일주'를 감행할 필요도, 같은 무대에 서 있는 사람들과 우열을 겨룰 필요도 없다. 자신의 가치를 올릴 수 있는 확실한 방법이나 정답이 있는 것도 아니다. '나는 왜 이런 일을 하고 있을까'라며 스스로를 꾸짖는 대신, 그저 **세간의 평판은 '당신의 가치'와 크게 상관이 없다**는 사실을 깨달았으면 한다.

많은 사람이 '기껏 만든 요리이니 역시 맛있었으면 좋겠다. 맛이 없다면 요리가 특기라고 말할 수 없지 않을까…'라고 생각한다. 물론 그런 생각이 들 수는 있지만 거기에 지나치게 사로잡힐 필요는 없다.

만약 'OO가 특기다'라고 선언하는 게 도무지 어렵다면 **'OO를 좋아한다'라고 말하면 그만이다.** 세상은 그처럼 자기만의 기준과 방식으로 스스로를 정의하고, 그 정의를 따라 행동하는 사람이 활약하는 장소로 점점 변화하고 있다. 그러니 비교를 통해 개성을 찾으려는 노력은 이제 멈추도록 하자.

자신만의 정의가 필요한 시대

타인의 정의가 아닌, 자신의 정의에 따라 행동하는 것. 이와 같은 행동 양식의 변화는 앞서 언급한 웹 3.0이 도래한 현실과 밀접한 연관이 있다. 블록체인 기술의 발전으로 많은 것들이 중앙집권형에서 커뮤니티형으로 변하고 있다. 조직 역시 분산형 자율 조직(DAO, Decentralized Autonomous Organization)이라 불리는 비중앙집권형 조직으로 변해가고 있다. 이러한 세계에서는 **개인이 자신의 특성이나 기술, 무엇보다 '좋아하는 것' '하고 싶은 것'을 바꿔가며 자유로이 활동할 수 있게** 되어 조직에는 덜 얽매이게 된다. 그렇기에 웹 3.0의 시대를 '개인의 시대'라고도 말한다.

여기에서 포인트는 다양성과 개방성이다. 압도적인 양의 데이터가 축적됨에 따라 점점 더 다양한 사고방식과 가치관이 인정받고 있다. 나는 이를 **'다양한 사실이 발각된 상태'**라고 말한다.

어쩐지 두근거리지 않는가? 자신이 좋아하지도 않는 일을 '해야 한다'는 이유로 계속하는 대신, 원하는 일을 원하는 때에 원하는 대로 하면서 행복을 느끼는 사람들의 존재가 우후죽순 발견되고 있다. 이름 모를 누군가로부터 내려오는 상식이나 규칙, 가치관 등이 정답은 아니라는 사실, 원치 않는 상황을 꾹 참는다 해도 칭찬받지 못한다는 사실 또한 드러나고 있다. 그런 만큼 무엇보다 자신만의 정의가 필요한 시대다. **행복하게, 그리고 만족스럽게 살아가기 위해서는 자신을 둘러싼 모든 것을 스스로 정의하며 살아가야 한다.**

앞서 다른 사람과 비교를 통해서만 개성을 인식할 수 있는 것은 아니라고 말했다. 웹 3.0이라는 물결 속에서 '개인의 시대'가 도래했다는 인식에는 그처럼 비교하는 문화에 반대하는 생각이 전제된 듯하다.

지금까지 우리 사회는 개인의 자질이나 취향을 충분히 존중하지 않았다. **상대적인 비교를 중시했기에 우열을 정하고 순위를 매길 장소(플랫폼)를 갖춘 자만이 권력을 독점했다.** 이른바 플랫포머Platformer라고 불리는 거대 기업과 거대 조직이 대표적이다. 스포츠를 예로 들면 국제올림픽위원회IOC나 국제축구연맹FIFA 등이 여기에 해당한다. 그들은 '개인들을 경쟁시키기 위한 플랫폼'을 소유했다는 이유만으로 거액의 돈을 모을 수 있었다.

웹 3.0과 같은 개념은 이와 같은 시스템에 저항하는 움직임으로서 새롭게 등장했다고 볼 수도 있다. 자신들의 목적을 위해 수많은 개인을 집단화하고 조종해 온 플랫포머들의 활동에 반발하는 운동이 일어나는 셈이다.

다만 이들 플랫포머가 개인을 불행하게 만들고 착취하기 위해서 활동했느냐고 묻는다면 결코 그렇지는 않다. 시대를 막론하고 어떤 문제를 해결하는 파괴적 혁신이 일어날 수 있었던 이유는, 그 같은 혁신으로 해결해야 하는 시대적 과제가 존재했기 때문이다.

오늘날 내연기관 자동차는 전 세계적으로 '기후 악당' 취급을 받고 있지만 처음부터 그런 것은 아니었다. 자동차로 인해 인류는 이전과 비교할 수 없을 정도로 적은 노력만으로 훨씬 더 먼 곳까지 이동하고 훨씬 더 많은 물자를 운반할 수 있게 되었다. 자동차는 인류 전체의 과제를 해결한 영웅이었으며 이는 앞으로도 절대 변하지 않을 명백한 사실이다. 그러니 자동차 자체에는 죄가 없다.

문제는 숫자에 있다. 자동차의 수가 지나치게 많아지고 그들이 배출하는 탄소가 전체 탄소 배출량의 20퍼센트에 육박하자 문제가 된 것이다. 요컨대 **사물도 조직도 비대화되면 문제가 발생한다**는 뜻이다.

사물이나 조직이 비대해지면 환경 파괴, 빈부 격차 등 처음에는 예상하지 못한 문제가 벌어진다. 선의에서 시작된 일이 플랫폼이 성장함에 따라 사회에 큰 해를 끼치는 방향으로 변해가는 셈이다.

그렇다면 그들을 악당으로 여기고 타도하는 것만으로

는 문제가 해결되지 않는다. 갑자기 자동차를 버리고 마차나 자전거로 돌아갈 수는 없는 노릇 아닌가. 한번 맛을 본 이상 그 이전으로 돌아가기란 매우 어려운 일이다. 결국 사회·경제적 과제를 해결할 또 다른 혁신을 일구는 일만이 해결책이다. 지난 몇 년 사이 전기자동차와 카셰어링 서비스가 등장해 내연기관 자동차의 한계를 보완하고 있는 것처럼 말이다.

지금 우리 사회 곳곳에서는 이러한 근본적인 변화가 움트고 있다. 중장기적인 관점에서 보면 매우 중대한 시대의 전환점에 서 있는 것이다. 그런 만큼 우리 개개인에게도 큰 변화가 요구되고 있다.

당신이 도저히 바뀌지 않는 이유

지금까지 이야기한 시대의 변화에 대해 마음이 설레는 사람이 있는가 하면 마냥 불안하거나 크게 공감하지 못하는 사람도 있을 것이다. 실제로 웹 3.0이나 DAO를 주제로 한 강연이나 발표에서 나의 이야기를 쉽게 납득하지 못하는 사람을 많이 만나게 된다. 이는 살면서 중앙집권적이지 않은 조직을 거의 경험해 본 적 없기 때문이다.

일본에서 태어나면 대부분 자동으로 일본이라는 중앙집권형 국가의 국적을 부여받고, 학교라는 중앙집권형 교육을 받으며, 졸업 후에는 기업이라는 중앙집권형 조직에서 일하게 된다. 지방자치단체에서 제공하는 행정 서비스는 어느 정도 대안 개념으로 등장했지만 그 역시도 크게 보면 중앙집권적인 국가조직의 일부다.

이처럼 사람은 일반적으로 인생의 거의 모든 시간을 중앙집권형 조직에서 살아가게 되므로 그것을 '보통 상태'라 느끼는 게 당연한 일이다. 자신이 오랫동안 놓여 있던 환경, 그곳에서 성장했던 경험을 벗어나 생각하기란 무척이나 어렵다.

하지만 나는 감히 이렇게 말하고 싶다. **'바꿀 수 없다'는 생각은 그저 자신의 믿음에 불과할지도** 모른다고 말이다. **실제로는 바꿀 수 있는데, '바꾸지 않겠다'라는 의사가 강력하기 때문에 바뀌지 않는 것일 수 있다.**

그렇다면 왜 그런 의사를 갖게 됐을까. 다름 아닌 '두려움' 때문이다. 바깥세상이 어떤 곳인지 모르고, '바깥'으로 나가서 어떻게 행동해야 하는지 모르기 때문에 자꾸만 움츠러들고 방어적인 마음 상태에 머무르는 것이다.

나는 일본 여러 기업의 고문을 맡고 있는데 그 과정에서 압도적으로 많은 사람이, 심지어 나보다 더 나이가 많이 들었음에도 한 회사밖에 모른다는 사실을 알고 크게 놀랐다. 일부 상장기업에는 한 번도 이직해 보지 않은 사람이 이직을 경험해 본 사람보다 훨씬 많았고, 심지어 대부분이 종신고용을 전제로 채용된 사람이었다.

그들은 이직이나 독립을 마치 전혀 다른 세상으로 떠나는 위험한 행동으로 여긴다. 그리고 바깥세상을 알아보자는 나의 이야기를 당장 이직이나 창업을 해야 한다는 뜻으로, 아주 극적인 변화를 이루어야 한다는 뜻으로 받아들이곤 한다. 그러니 두려운 감정이 들 만도 하다. 나는 그들에게 언제나 '바깥으로 나가더라도 잡아먹을 사람은 없어요'라고 이야기한다.

누구나 처음은 두려운 법이다. '바깥' 세계로 한 걸음을 내딛는 순간 화살이나 창이 날아온다며 공포를 느낄 수도 있다. 그런 감정이 든다면 **일단은 현재 속해 있는 조직에 발을 걸친 채로 다양한 세계와 적극적으로 접촉해 볼 것을** 권한다.

농구 경기를 보면 공을 잡은 선수가 한 발을 축으로 삼은 채 다른 발을 움직이며 몸의 방향을 바꾸는 모습을 볼 수 있다. '피벗'이라는 농구의 기본 스텝이다. 이 원리를 일에도 적용해서 기존의 회사를 떠나지 않은 채 더 넓은 세계를 체험해 보는 것이 좋다. 축이 되는 발은 묶인 상태지만 다른 발이 '바깥' 세계로 향해 있는 것만으로도 꽤나 다른 풍경을 볼 수 있을 것이다.

지자체에서 개최하는 행사나 지역의 축제에 운영진으로 참여해 보거나, 가까운 곳에서 봉사활동을 해보는 것도 좋다. 어떤 일이든 괜찮으니 자신 있는 기술을 살려 본업이 아닌 다른 영역에서 약간 공헌해 보는 것이다. **회사가 아닌 다른 곳에서 누군가로부터 '감사합니다'라는 말을 들어볼 시간을 의식적으로 만들어보라.**

핵심은 평소 자신이 속해 있던 세계의 '바깥'으로 나와 이전에는 몰랐던 가치관과 접촉하는 과정에 있다. 그와 같은 접촉의 과정은 '나는 바꿀 수 없다'는 믿음을 메타인지할 새로운 기회가 될 것이다.

공과 사를 섞어라

이렇게 말하는 나 역시 오랫동안 일했던 회사 밖으로 내딛은 첫걸음은 봉사활동이었다. 마이크로소프트에서 프레젠테이션 상을 받았을 때, 수상 후보자였던 오타니 마리 씨를 알게 된 일이 계기였다. 우연히 오타니 씨가 깊게 관여하고 있던 '파라사이요PARASAIYO'라는 필리핀 아동 요양 시설을 지원하는 NPO(비영리단체) 행사에 프레젠테이션 강사로 서게 되었다. 행사 수익은 모두 기부되었기에 내가 받은 보수는 수제 쿠키가 전부였다.

하지만 내가 얻은 실제 수입은 그보다 훨씬 컸다. 그 일을 계기로 자원봉사자로 참가했던 사람들에게서 '우리 회사에서도 발표해 주세요' '다른 커뮤니티에도 참가하고 있으니 그쪽 일도 부탁드립니다'라는 제안을 받게 된 것이다.

그 봉사활동에는 여러 영역에서 활동하는 직장인들이 모여 있었기에 피벗을 하며 '바깥의 잣대'를 가질 좋은 기회였다. 게다가 일본 마이크로소프트의 에반젤리스트 Evangelist(직역하면 '전도사'로, IT 업계에서 자신의 기술을 사회에 전파하고 확산하는 업무를 하는 사람들 – 옮긴이)이자 현 집행위원인 니시와키 모토아키 씨를 만난 것도 그곳이었다. 나와 동갑이었던 그는 당시에도 회사 대내외적으로 상당한 활약을 펼치고 있었다. '바깥' 세계로 나와 활약하는 좋은 사례를 가까이에서 접했으니 큰 호재였다.

게다가 코로나19 사태를 겪는 동안 많은 사람이 사적인 영역에서 업무를 보는 재택근무를 경험해 보지 않았던가. 단순히 집에서 본업을 하는 수준을 넘어서서, 공적인 업무와 사적인 활동을 넘나들거나 시간을 효율적으로 사용해 복업을 하는 일 또한 흔해질 것이다. **공적인 업무와**

사적인 활동이 마블링처럼 경계 없이 섞여 들어가고 있다.

'회사에 나가는 것만이 일이 아니다.'

내가 팬데믹이 닥치기 전부터 해온 이 주장을 이제는 정말로 대다수가 사실로 받아들일 것이다. 점점 더 많은 사람이 '바깥' 세계로 나가기를 선택할 것이다.

두려움을 없애는 법

언젠가 종합격투기 선수인 아오키 신야青木眞也 씨와 대화를 나누었을 때, 그는 내게 무척 흥미로운 이야기를 들려주었다. 격투기에서 가장 중요한 요소가 다름 아닌 '정보량'이라는 이야기였다. 물론 강인한 체력이나 민첩한 몸놀림도 중요하다. 하지만 선수로서 어느 정도의 능력을 갖추고 나면 그보다도 상대방을 '아는 것'이 더 중요해진다는 뜻이다.

정보가 적은 상대와 싸우기 힘든 이유는 상대방이 어떻게 나올지를 모르면 적절한 방어가 어렵기 때문이다. 반대로 자신이 상대가 모르는 기술을 갖고 있거나 상대의 허점을 알고 있으면 크게 유리할 수밖에 없다. 만약 최상위권 선수라면 서로 알고 있는 정보가 많은 만큼 경험과 노련함이 승패를 가르는 요소가 된다. 그래서 격투기 훈련은 태클이나 공격 방식, 타격 형태, 수비 기술은 물론 몸을 쓰는 방식처럼 게임에 필요한 온갖 정보를 늘려나가는 과정이라고 할 수 있다.

마찬가지로 **'바깥' 세계로 모험을 시작하려 한다면 우선 정보를 많이 확보해야 한다.** 이는 지금 있는 자리에서 자신의 능력을 발휘하기 위함이기도 하다. 정보를 늘리기 위해서는 적극적인 행동에 나서야 하겠으나, 그렇다고 **무작정 전력투구할 필요는 없다**는 말도 전하고 싶다. 피벗을 하는 농구선수처럼 95% 정도는 지금의 환경(회사 등)에 축발을 짚은 채 나머지 5% 정도만 '바깥' 세계로 발을 내딛어보자. 그것만으로도 분명히 새로운 세상이 열릴 것이다. 하지만 5%를 무시한 채 아무것도 실행하지 않는다면 어떠한 변화도 생기지 않을 것이다. **0은 언제까지나 0에 불과하다.**

가장 먼저 바꿔야 할 것

모르던 세계, 가보지 못한 장소, 처음 마주하는 기회로 걸음을 내디딜 것인가. 그러지 않을 것인가. 행동 여부는 커다란 차이로 이어진다.

내 경우에는 프레젠테이션이라는 무기를 갖고 있었으며 우연한 계기로 이 능력을 세상에 펼쳐 보일 수 있었다고 이야기했다. '바깥' 세계가 요구하는 능력이 실은 이미 내 안에 있었음을 처음으로 깨달았고, 또 많은 사람이 이를 발견해 준 덕에 중대한 인생의 변화를 일굴 수 있었다.

여기에서 중요한 점은 '직함' 따위는 결코 무기가 아니라는 사실이다. **자신만의 무기를 가지고 있다면 직함이나 학**

력 등은 중요하지 않다. 일단 첫발을 내딛는다면 주변에서 당신의 능력을 발견하고 자연스럽게 말을 걸어올 것이고, 그렇게 자신의 특기를 살릴 기회를 얻을 것이다.

이 이야기를 들은 대부분의 사람은 자신에게 회사 밖에서 써먹을 만한 무기가 없다고 생각할 것이다. 하지만 처음에는 아주 간단한 행동으로도 충분하다. 자신이 할 수 있는 일로 **누군가를 돕거나 거들다 보면, 그 속에서 돌파구를 찾을 수 있을 것이다.** 특히 나이가 어리다면 아직 특기를 발견하지 못했을 확률이 높은데, 걱정하지 않아도 된다. 시간은 가장 강력한 무기다.

이런 말을 하면 거의 모든 사람이 '일이 바빠서 시간이 없어요'라고 답한다. 하지만 **'시간이 없다'라는 믿음이야말로 '의지'의 문제**이다. 빽빽한 스케줄을 자세히 들여다보면 꼭 참석하지 않아도 되는 회의, 불필요한 자료 작성 시간이 들어가 있으리라. 회의에 참석하지 않겠다고 주장하기가 번거롭다거나, 관리자에게 미움을 살지도 모른다는 이유로 그런 일들을 수행하고만 있는 건 아닌지 스스로 돌아봐야 한다.

이 책을 펼친 독자라면 분명 '불필요한 일정으로 소중한 하루를 낭비하고 싶지 않다'라고 느끼고 있을 것이다. 그러니 다시 한번 '바꿀 수 없는 것'이 아니라 '바꾸지 않겠다는 의사가 있을 뿐'임을 자각할 필요가 있다. 그런 자각을 한 상태에서 한번 더 스케줄을 살펴보자. 바꿀 수 있는 시간이 정말 없을까? 분명 그렇지 않을 것이다. 그러니 우선 **자신의 스케줄에서 본질적으로 중요하지 않은 일을 없애나가는 행동**부터 시작하자. 가장 먼저 바꿔야 할 건 시간의 쓰임새다.

고집스러운 믿음을 깨야 할 때

믿음은 의지의 문제임을 이번 장에서 거듭 말해왔다. 마지막으로, 누군가의 믿음이 반드시 그 사람의 의사에 따라 선택된 건 아니라는 이야기를 하고 싶다. 애초에 다른 선택지를 알지 못해서 특정 선택지만 반복적으로 떠오르는 경우일 수도 있다. 경험해 보지 못한 일에는 선입견을 갖기 쉽지 않은가. 지금 우리를 둘러싼 세계를 살펴보면 이를 완전히 개인의 탓만으로 돌릴 수는 없다.

오늘날 세계를 표현하는 키워드 중 하나로 'VUCA'라는 단어가 있다. 이는 Volatility(변동성)·Uncertainty(불확실성)·Complexity(복잡성)·Ambiguity(애매모호성)의 머리글자를 딴 조어로, **'모든 것이 정신없이 변해서 장래를 예측하기가 곤란한 상태'**를 의미한다. 불과 몇 년 전까지 누구도 코로나19 같은 팬데믹이 세계를 이만큼 바꾸어놓으리라 예상하지 못했다. 전염병만큼 국제사회에 큰 영향을 끼치고 있는 러시아의 우크라이나 침공 역시 모두의 예상을 빗나간 사건이었다. 인공지능의 놀라운 발전 또한 일자리의 지형을 얼마나 극적으로 뒤집을 것인가.

오늘날 국제사회는 이처럼 불확실함과 애매모호함으로 가득 차 있다. 우리를 둘러싼 어떤 상황이나 환경도 지금과 같이 유지되리라고 예측하기 어려우며, 현재는 정답처럼 보이는 판단 기준 또한 언제 어떻게 바뀔지 모른다. 하나의 나라에서 통용되는 학력, 경력, 직함, 회사의 규모, 업적… 이런 것은 모두 환상일 뿐이다. 이런 변화를 따라잡지 못하면 믿음에 쉽게 갇혀버린다.

이제는 고집스러운 믿음을 깨기 위해 '바깥'으로 나아가야 한다. 처음에는 어려울지 모르지만 조금씩 피벗하다 보면 누구에게나 변화의 기회가 찾아올 것이다. 이 책을 읽고 있는 당신에게도 말이다.

생각을 깼다면 이제 실전이다. 다음 장에서는 '상식적인' 일하기 방식을 버리고, 직장인이라는 틀에 묶인 당신의 능력과 재능을 해방시킬 방법을 찾아보자.

상대적인 비교를 해야만
개성을 인식할 수 있는 것은 아니다.
당신이라는 사람은
이 세상에 하나뿐이고 이미 그 자체로
다른 무엇과도 다른 독창적인 존재다.
개성은 이미 당신 안에 존재한다.

META

PERCEPTION

CREATIVITY

CONNECTIVITY

INSIGHT

MILIA

SUSTAINABILITY

IDEATION

THINKING

FACILITATOR

4장

인지력

반드시 문제 안에 해답이 있다

THINKING

가짜 노동 피하는 법

직장인의 가장 흔한 고민으로는 '일이 재미없다'는 것이 있다. 더 구체적으로 말하면 '열심히 해도 성과가 나오지 않아 지쳤다'는 것이다. 투여한 노력 대비 결과가 좋지 않을 때의 허탈함, 진행하는 프로젝트를 바꿔보았지만 결국 비슷한 문제를 해결해야 할 때의 허무함. 이런 감정을 느끼는 직장인들에게 전하고 싶은 말은 다음과 같다.

업무를 완수했다는 기준을 스스로 정의할 것.

대부분의 직장인은 '수치가 나왔다/나오지 않았다' '관리자에게 칭찬을 받았다/받지 못했다'처럼 타인의 평가 기준으로 자신의 성과를 가늠한다. 물론 회사라는 조직에 속한 이상 완수해야 할 업무와 그에 대한 평가 기준을 제시받을 것이다. 하지만 이런 기준은 '달성'의 척도를 일률적으로 제시할 뿐 일의 '과정'까지 구체적으로 정의하지는 않는다. 업무 달성도를 파악하기 위한 체크리스트는 있을지언정 업무를 수행하거나 진척시키는 방식 자체는 대부분 담당자가 자유롭게 생각할 수 있을 것이다.

그렇기 때문에 우리는 **재미를 느낄 만한 요소를 '업무의 과정' 안에 직접 마련해 놓을 수 있다.** 경리과 직원이라면 알기 쉬운 서류 정리법이나 숫자 데이터를 깔끔하게 정렬하는 법을 개발하거나, 개발자라면 좋아하는 코드를 짜는 자신만의 방법을 찾아내며 재미를 느낄 수 있다. 영업사원은 고객과 진정성 있는 관계를 구축하고 커뮤니케이션 능력을 키우면서 그런 요소를 발견할 수 있다. 나의 경우는 능숙하게 발표를 마쳤을 때 나에게 온전히 집중한 청중들의 모습, 고객의 만족스러운 얼굴이 이런 요소에 해당한다.

만약 자신이 즐거움을 느끼는 요소가 없다면 조속하게 찾아봐야 한다. 그런 요소를 찾을 수 없다면 그곳은 당신이 더 이상 머무를 장소가 아닐지도 모른다. '이건 어디까지나 돈을 위한 일이야'라고 선을 긋는 사람도 있겠지만, 불만족스러운 방식으로 야금야금 시간을 보내다가는 훌쩍 나이가 들어버린 어느 날 지나간 시간을 한탄하게 될지도 모른다. '인생을 좀 더 즐기며 살걸'은 '죽기 전 후회하는 일' 리스트에 반드시 이름을 올리는 단골 소재이니까.

최근 젊은 층 사이에서 조기 은퇴, 이른바 '파이어(FIRE, Financial Independence·Retire Early)'가 뜨거운 화두다. 블로그 활동을 하는 지키린 씨에 따르면 대부분 조기 은퇴를 원하는 이유로 '일이 싫다'를 꼽았다고 한다. 이에 대해 지키린 씨는 '그런 사람은 조기 은퇴를 하더라도 높은 확률로 행복해지지 않을 것'이라는 취지의 발언을 했다. 즉, 업무에서 즐거움을 찾지 못하는 사람은 설령 그 일을 그만두더라도 인생에서 재미를 찾아내지 못하리라는 뜻이다.

확실히 돈과 시간이 충분하더라도 몰두할 대상이 없다면 방대한 시간 앞에서 막막해질 것 같다. 혹자는 '재미있게 놀고 즐기며 살면 된다'고 생각할지도 모르지만, **사람은 놀면서도 '충실한 시간'을 원하는 법**이다. 그러려면 자신이 무엇을 할 때 쾌감을 느끼는지를 이해해야만 한다. 평균 수명을 생각하면 40세에 조기 은퇴하더라도 그 뒤로 40년 이상 시간이 남는다. 아무런 보람 없이 40년이라는 시간을 남겨둔 인생은 얼마나 무료할까.

실제로 정년까지 일한 사람에게서 퇴직 후에 뭘 하면 좋을지 모르겠다는 이야기를 자주 듣곤 한다. 그중 다수는 돈과는 무관하게 삶의 보람을 찾기 위해 재취직을 선택한다.

40대까지는 하기 싫은 일을 꾹 참으며 하다가 50대가 되면 일찌감치 은퇴하고 전 세계를 여행하겠다는 이상을 품는 사람도 있다. 하지만 조언하건대, 가고 싶은 곳은 젊을 때 가놓는 편이 더 좋다. 50대에 들어선 나는 체력이 받쳐주지 않는 몸으로 떠나는 여행의 어려움을 알고 있다. 20대가 여행을 즐기는 방식과 50대가 여행을 즐기는 방식은 확연히 다르다. 지금 기대하는 즐거움을 온전히 누리기 위해서는 떠나고 싶을 때 떠나야 한다.

요점은 **일에서든 삶에서든 '즐거움을 뒤로 미루지 않기'**이다. 그러려면 자신이 하고 싶은 일을 스스로 정의하고 자신이 즐거움을 느끼는 업무를 적극적으로 발견해야 한다. 타인의 평가에만 좌우되었다간 자신도 모르는 사이 잔뜩 꼬여버린 삶의 경로를 마주하게 될 수 있다. 괴로운 인생의 탈출구로 조기 은퇴를 꿈꾸는 이들이 그토록 늘어나는 이유는 그래서인지도 모른다.

해야 할 일,
안 해도 되는 일

OECD 자료에 기초한 「노동생산성의 국제 비교 2022」에 따르면, 2021년 일본의 시간당 노동생산성은 49.9달러로, OECD 국가 38개국 중 27위다. 이는 선진국 중에서 압도적으로 낮은 수준이다. 대체 이유가 무엇일까?

많은 이가 자신이 활약할 수 없는 시간을 허용하고 있기 때문이라고 나는 확신한다. 본인이 밟아야 할 업무의 과정과 이뤄야 할 성과를 직접 정의하지 않고, 타인이 정해놓은 정답과 구조에 편승하는 것이다.

직장생활에서 볼 수 있는 가장 단적인 예로는 '발언도 하지 않으면서 태연한 얼굴로 회의에 참석하는 경우'가 있다. 회의장에서 발언하지 않는다는 것은 결국 다른 사람의 발언을 듣기만 한다는 뜻이다. 여러 가지 보고 사항을 그저 듣기 위해 귀중한 시간을 할애하는 일은 너무 어리석은 짓 아닐까.

보고는 '지나간 일'을 다룬다. 이미 벌어진 일은 온라인으로 공유하는 것만으로도 충분하며 여러 사람이 시간을 써서 모일 필요는 없다. 함께 모일 때는 의견을 나누며 새로운 관점을 손에 넣는 등 모두의 시간이 가치 있게 사용될 수 있는 일을 해야 한다.

이처럼 자신이 활약할 수 없는 시간을 허용하고 있지는 않은지 돌아볼 필요가 있다. '관리자가 시켰으니까 어쩔 수 없다' '애당초 회사의 구조가 문제다'라고 이야기하는 사람도 있을지 모르지만, 그런 말은 **'자신에게는 힘이 없다'고 인정하는 것이나 다름없다.**

이 이야기에 '주어진 일을 하고 일정한 평가를 얻을 수 있다면 그걸로 충분하지 않느냐'라고 말하는 사람도 있으리라. 그러나 분명히 말하지만 주어진 일을 하고 평균 정도의 성적만 유지해도 보수나 지위가 오르는 시대는 막을 내리고 있다. 오랜 시간 회사에 있으면서 평균 수준을 유지했다는 건 어느 시점 이후로는 성장하지 못했다는 뜻이니, 그런 사람에게 높은 평가가 주어지기는 어려운 노릇이다.

해외 기업이나 외국계 일본 기업에는 'UP or OUT'이라는 사고방식이 있다. 이는 '향상하지 못한다면 나가라'는 의미이다. 다소 냉정하게 들릴 수도 있지만, 당연하게도 이런 엄격한 환경 덕분에 이들 기업이 일본 기업보다 높은 경쟁력을 유지하고 있다.

'UP or OUT'과 관련해 설문조사 결과 한 가지를 소개하고자 한다. **일본의 직장인 52.6%가 사회 학습·자기 계발에 대해 '딱히 하지 않는다'라고 답했는데, 이는 전 세계의 직장인과 비교했을 때 압도적으로 높은 수치다.** 사회 학습이나 자기 계발은 스스로에 대한 투자이다. 빠르게 변화하는 시대에서 새로운 지식을 입력하지 않으면 금세 낡아버릴 수밖에 없음에도 일본의 많은 직장인이 이러한 사실을 인

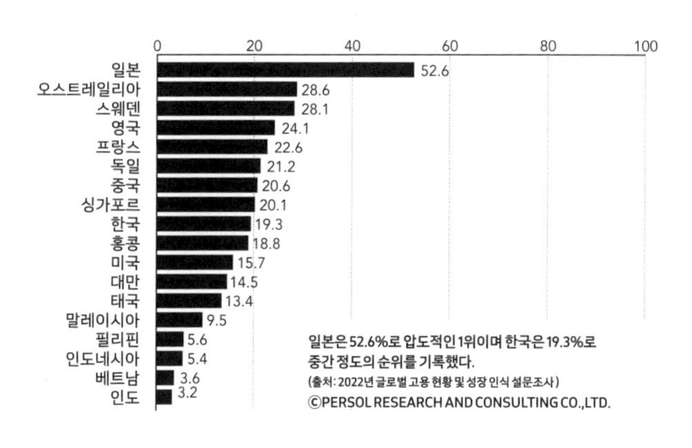

회사 밖에서 학습이나 자기 계발을
'딱히 하지 않는다'고 답한 사람의 국가별 비율(단위: %)

식하지 못하는 듯하다.

해외의 직장인들 역시 그날그날의 업무로 바쁜 건 마찬가지이리라. 그런데 어째서 이렇게나 차이가 나는 걸까? 답은 단순하다. 해외의 기업에서는 **스스로 연구하고 궁리하지 않으면 살아남을 수 없기 때문**이다.

그곳에서는 기술을 연마하거나 지식을 쌓는 등 자신에 대한 투자가 자연스럽다. 그렇게 자기 가치를 높여서 회사에서 좋은 평가를 받고 이직을 통해 연봉을 높이는 것이 우수한 직장인의 기본적인 자세다. 반면 유감스럽게도, 일본에서는 제법 우수하다 평가받는 직장인조차 거의 자기 계발을 하지 않는 것이 현실이다.

그렇다면 일본의 직장인들은 대체 무엇을 하고 있는가? 전해 듣기로는 사내용 발표 자료를 만드는 데 시간을 쓰고, 밤에는 사내 직원과 술자리를 갖거나 외부 고객을 접대한다고 한다. 주말에도 관계자들과 골프를 치러 간다고 한다. 상황이 이럴진대, 세계시장에서 일본 기업의 경쟁력이 떨어지는 것은 당연한 결과가 아닐까.

일본 기업이 이처럼 안주하게 된 배경에는 여전히 공고한 연공서열 제도가 있다. 주식회사 경영공창기반IGPI의 CEO인 후미야마 가즈히코富山和彦 씨는 이런 상황을 가리켜 '오타니 쇼헤이 선수가 들어오더라도 볼보이나 배트 정리부터 맡기는 것이 일본 기업이다'라고 이야기했다. 이렇듯 우수한 인재들이 해외로 유출되는 현실은 불가피해 보인다.

대체 불가능한 존재

시킨 일만 하면서 평균 수준에 만족하거나 특정 회사나 장소에서만 통용되는 스킬에만 의존해서는 좋은 전망을 기대하기 어렵다는 사실을 이제 알게 되었을 것이다. 그렇다면 유효한 커리어 전략은 무엇인가? 답은 하나뿐이다.

'다른 사람으로 대체할 수 없는' 존재가 되기를 목표로 삼을 것.

평균 수준의 능력을 가진 사람들로 가득 차 있는 노동

시장에서 차별화되기 위해서는 플러스알파를 갖춰야 한다. 나이가 들수록 구직자의 매력이 떨어지는 건 부인하기 어려운 현실이다. 다른 사람들과 똑같이 일할 뿐이라면 더 젊은 사람으로 쉽게 대체당할 수밖에 없다. 이를 피하려면 **'이 사람에게는 이런 강점이 있어'라고 주변에서 인정할 만한 자신만의 특색이 필요**하다.

그런 특성이 있다면 설령 뛰어난 사람이 나타나더라도 **유일한 존재로서 차별화될 수 있다.** 이는 이 1장에서 언급한 '참가자가 한 명뿐인 종목을 만들어서 매일 우승할 것'이라는 전략과 일맥상통한다.

이때, '다른 사람으로 대체할 수 없다'는 말은 '그 사람이 없으면 일이 돌아가지 않는다'는 의미가 아님에 주의해야 한다. 여러분 주변에 자신의 업무 과정이나 네트워크를 절대 타인과 공유하지 않는 사람이 있는가? 이는 회사를 위험에 노출시키는 것과 다름없다. 그 사람이 사라지면 업무 전체에 차질이 빚어지기 때문이다.

이처럼 누군가 한 명이 없다는 이유로 업무 전체가 마

비된다면 조직 자체가 잘못 디자인되었다는 뜻이다. 회사란 특정한 한두 사람이 없더라도 문제없이 돌아가는 시스템을 갖추어야만 한다.

정리하자면 '다른 사람으로 대체 불가능한 존재'란, 자신이 없더라도 조직은 움직이지만 **'그럼에도 그가 하는 것이 가장 낫다'**라고 주변의 인정을 받는 존재다. "이 일만큼은 꼭 당신이 해주었으면 한다"라는 말을 듣는다면 직장인으로서 최고의 상태에 도달했다고 할 수 있지 않을까. 그런 이야기를 들으려면 반드시 자신만의 강점을 찾고 개발해야 한다.

모든 서비스는 스토리텔링이다

'대체할 수 없는 존재가 강하다'라는 명제는 기업에도 똑같이 적용된다. 주어를 '자신'에서 '자사'로 바꾼다면 기업은 **'고객의 행복에 공헌하는 유일한 문제 해결자'**가 되어야 한다. 다시 말해, 고객에게서 '감사합니다!' '기뻐요!' '덕분에 살았어요!'라는 말을 듣는 유일한 제품이나 서비스를 제공하는 것이 비즈니스의 성패를 좌우하는 열쇠이다.

XaaS(자스)라는 개념을 들어본 적 있는가? 이는 **'as a Service' 앞에 X가 붙어 만들어진 용어로, '인터넷 네트워크를 통해 제공되는 서비스'를 의미**한다. 여기에서 'as a Service'란 장기 대여 형식으로 서비스를 제공하는 이른바 '구독형 비즈니스 모델'을 말한다. 앞에 붙은 X에는 다양한 표현이 들어갈 수 있다. Infrastructure(인프라스트럭처)를 넣으면 IaaS(이아스), Platform을 넣으면 PaaS(파스), Software(소프트웨어)를 넣으면 SaaS(사즈)가 된다.

이 중에서 SaaS Software as a Service를 예로 들어보겠다. 많은 직장인이 일상적으로 사용하는 '마이크로소프트 365 Microsoft 365' '지메일 Gmail' '세일즈포스 Salesforce' 등이 바로 여기에 해당한다. 브라우저만 있으면 회원 가입 후 별도 시스템을 구축하거나 프로그램을 설치하지 않아도 온라인상으로 소프트웨어를 제공받을 수 있는 서비스이다. XaaS는 우리 사회 곳곳에 침투해서 온갖 것을 서비스하고 있다. 택시와 같은 이동 수단부터 비대면 진료나 건강 모니터링, 가전제품까지 다양한 분야가 XaaS 서비스로 진화하고 있다.

그런 XaaS의 세계에서 가장 왕성하게 고용이 일어나는 직무는 다름 아닌 '커스터머 석세스 customer success'다. 커스터머 석세스란 직역하면 '고객의 성공'이라는 의미로,

이미 자사 제품이나 서비스를 사용하고 있는 고객에게 적극적으로 다가가 고객이 바라는 결과를 이해하고, 그 결과를 받기 위한 사용법을 제공하는 일을 말한다. 단순히 고객의 불편 사항을 해결하는 커스터머 서포트customer support와는 다른 개념이다.

지금까지는 제품이나 서비스를 판매하기만 하면 고객이 반품을 하지 않는 이상 그대로 매출과 성과로 직결되었다. 즉 고객이 자사 상품을 구입한 시점에 거래는 종료되는 것이나 마찬가지였다. 그런 만큼 자연스럽게 제품이나 서비스를 판매하는 영업직이 중요한 위치를 차지했다.

하지만 구독형 모델인 XaaS에서는 고객이 처음 상품을 구입한 이후로도 계속 계약을 이어가야 한다. 따라서 회사들은 고객이 서비스를 지속적으로 이용하도록 주기적으로 서비스 품질을 향상시키고, 효과적인 **'성공 스토리'를 통해 그들의 마음을 사로잡으라는 과제를 부여받았다.**

최근 구독형 서비스를 해약한 경험이 있는가? 만약 있다면 해약한 이유는 무엇이었는가? 아마도 그 서비스를 그렇게 자주 사용하지 않았거나, 사용할 이유가 사라졌기 때문일 것이다.

그렇다면 그 서비스의 제공자는 무엇을 해야 했을까. 당신에게 '**우리의 제품이나 서비스를 계속 이용하면 당신은 바라던 결과를 달성할 수 있다**'는 이야기를 들려줘야만 했다. 현재 대부분의 비즈니스는 이 같은 커스터머 석세스 없이는 계약을 유지할 수 없는 형태로 변해가고 있다. **모든 것이 서비스화되면서 판매 방식이 근본적으로 변하고 있는** 셈이다. 시가총액 랭킹 최상층에 위치한 글로벌 기업 GAFAM(Google, Amazon, Facebook, Apple, Microsoft) 중 디지털 기기의 개발 및 판매를 주로 하는 애플을 제외한 나머지 기업 모두 XaaS를 주요 비즈니스 모델로 삼고 있다는 사실만 봐도, 이것이 얼마나 강력한 흐름인지를 알 수 있다.

[애플 & 페라리]
유일무이함을 팔아라

앞서 애플만큼은 예외라고 언급했으나 알다시피 애플에도 애플 뮤직Apple Music이나 애플티브이Apple TV 등 여러 구독형 서비스가 있다. 여러 데이터를 일괄적으로 관리하기 위한 아이클라우드iCloud 역시 유사한 종류의 서비스다.

하지만 애플은 아이폰iPhone, 아이패드iPad, 맥 등 디지털 기기의 개발 및 제조, 판매가 주력 분야인 만큼 어엿한 제조 기업이다. 그렇다면 애플은 다른 제조 기업과 어떤 점에서 차별화를 하고 있을까?

애플은 고객들이 **아이폰을 계속 사용하도록 자신만의 스토리를 판다.** 과거 스티브 잡스는 자사의 스토리를 설득력 있는 형태로 널리 퍼뜨리기 위해 프레젠테이션에 많은 노력을 기울였다. 단순히 제품의 기능을 홍보하는 게 아니라 **고객이 새로운 제품을 사야 하는 이유를 강력하고도 매력적인 스토리로** 전해야 한다는 사실을 그는 꽤 이른 시점에서 깨달은 모양이다.

물론 애플의 제품은 기능 면에서도 뛰어나다. 하지만 그럼에도 애플이 '기능적으로 뛰어난 제품'을 가장 우선시하는 것처럼 보이지는 않는다. 그보다는 '멋진 기기'를 더 추구하는 듯하다. 애플이 기기에서 불필요한 요소를 덜어내고 심플한 디자인을 고집하는 이유는 단순히 기기가 멋진 게 아니라 **'그 기기를 사용하는 당신이 멋지다'**라는 스토리를 전하기 위함이다. 그리고 그 스토리에 공감대를 형성한 수많은 사람이 애플의 팬으로 남는다.

일본의 제조 기업이 쇠퇴한 이유 또한 같은 방식으로 설명할 수 있다. 일본의 많은 제조 기업은 커스터머 석세스라는 관점을 갖추지 못한 것으로 보인다. 물론 일본 기업도 훌륭한 디자인의 디지털 기기를 만들었지만 곡선이나 색상 등 외적인 아름다움에 그치는 경우가 대부분이었다. 멋진 제품은 제공했지만 제품을 사용하는 라이프스타일이 멋지다는 스토리까지는 제공하지 못한 것이다.

제품이나 서비스를 사용하는 고객의 마음을 상상하지 않으면 당연히 고객을 행복하게 만드는 스토리를 만들 수 없다. 그런 의미에서 저명한 경영전략 컨설턴트 야마구치 슈山口周는 "앞으로 다가올 시대의 개인, 기업, 제품, 서비스는 **'유용한 것'보다 '의미가 있는 것'이 살아남는다**"라고 말했다.

'의미가 있다/없다' '유용하다/유용하지 않다'라는 두 가지 축에서 생각해 보면 일본 기업의 제품은 성능 면에서 확실히 뛰어나다. 즉, 일본 기업들은 '유용하지만 의미가 없는' 분야에서 노력해 왔다. 하지만 앞으로는 '의미가 있으면서도 유용한' 혹은 '그다지 유용하지는 않지만 의미가 있는' 것들이 설 자리를 더 많이 얻게 될 것이다. 이 '의미'라는 부분이 바로 고객을 이끄는 '스토리'인 셈이다.

'유용하지 않지만 의미 있는 제품이나 서비스가 과연

필요할까?'라는 의문을 제기하는 사람이 있을지 모르겠지만, 슈퍼 카가 바로 그 상징적인 예다. 슈퍼 카는 평범한 도로에서는 좁은 폭 때문에 운전하기가 매우 불편하고 속도제한 때문에 원하는 속도로 마음껏 달리기도 어렵다. 게다가 막심한 소음을 유발하며 화석연료를 대량으로 소비한다. 그런데도 슈퍼 카는 계속 존재한다. 이유가 무엇일까?

슈퍼 카 브랜드의 대표 주자인 페라리는 제품 자체도 뛰어나고 매력적이지만 무심코 '거대한 크라우드 펀딩이 아닐까?'라는 생각을 하게 만든다. 페라리는 오직 세계 최고의 모터스포츠인 F1에서 우승하기 위한 자금을 모으기 위해 차를 만들어 판다는 뜻이다. 이 사실을 깨달았을 때 나는 무심코 웃음을 터뜨렸다.

물론 최고의 기술을 요구하는 F1 차량을 만들 수 있다면 다른 차종을 개발하는 데에도 도움이 될 것이다. 하지만 자동차 기업이 추구하는 목표가 '자동차를 많이 만들어 파는 것'이 아닌 '스포츠에 출전해서 우승하는 것'이라니 놀랍지 않은가. 이렇듯 **페라리는 '세계에서 가장 빠른 차에 탄다'라는 스토리를 가장 중요하게 여긴다.** 그렇기에 탈탄소화 시대에도 페라리에게 F1 철수란 있을 수 없는 일이다. 그런 스토리에 매료된 고객들이 언제까지고 변함없이 페라리를 응원하는 것이다.

몇 가지 기업 모델의 예시를 통해 오늘날 비즈니스에서 커스터머 석세스가 매우 중요한 요소임을 소개했다. **고객이 자사 제품과 서비스에 충성하도록 만드는 매력적인 스토리, 이것이 오늘날 비즈니스의 핵심 경쟁력**이다.

기업이 그렇다면 개인 또한 마찬가지다. 나라는 사람은 자신이 상정한 고객에게 어떤 스토리를 전달할 수 있는지, 그 관점에서 일을 대할 필요가 있다.

중요한 정보가 저절로 모여드는 사람

고객이 상품을 오래 이용하도록 만들기 위해 또 하나 중요한 것이 있다. 그것은 눈앞에 있는 사람을 존중함으로써 그의 '기분을 좋게' 만드는 것이다.

가장 이해가 쉬운 분야는 서비스업이다. 예를 들어 레스토랑에서는 고객의 취향에 맞춰 메뉴를 세심하게 추천하거나, 특별한 요청 사항을 기꺼이 반영한 서비스를 제공함으로써 충성 고객을 확보할 수 있다. 일본에는 호스트 클럽이나 단란주점 같은 접객업이 발달해 있는데 기본적으로 술을 따라 주고 이야기를 들어주는 서비스를 제공한다. 만약 손님이 계속해서 한 가게를 찾는다면 그 이유는 자신의 푸념을 차분하게 들어주고 때로는 자신의 노력을 인정해 주는 누군가에게서 위로받기 때문이다. 이는 다른 곳에서는 얻을 수 없는 유일한 상품이자 가치가 된다.

이를 개인의 일에 대입해 보면 **'상대를 기분 좋게 만들 수 있는' 커뮤니케이션 능력 또한 중요한 가치가 된다**고 말할 수 있다. 말주변이 뛰어나야 한다거나 하염없이 떠들라는 뜻이 아니다. 그보다는 상대를 존중하는 마음의 유무가 중요하다. 그런 마음이 전해질 때 비로소 상대의 '기분이 좋아질 수 있기' 때문이다. '영업왕'으로 꼽히는 사람들 모두가 말주변이 뛰어나지는 않다. 말재주가 없더라도 판매에 능한 영업 사원이 많다는 사실을 보면 결국 의사소통의 기본은 상대의 기분을 존중하고 배려하는 것임을 알 수 있다.

눈앞의 사람을 '기분 좋게' 만들었을 때 일어나는 좋은 일이 또 하나 있다. 바로 **귀중하고 생생한 정보(1차 정보)가 알아서 수집된다**는 점이다. 평소 상대를 존중하는 방식으로

소통해 왔다면, 궁금한 것이 생겼을 때 상대는 기꺼이 당신에게 그 내용을 알려주려 할 것이다. 그리고 이런 정보는 '특히 친한 사람에게만 들려주는' 생생한 정보인 경우가 많은 법이다.

지금은 누구나 인터넷에 검색만 하면 쉽게 정보를 얻을 수 있는 시대다. 하지만 이렇게 얻은 정보 대부분은 가공된 정보(2차 정보) 혹은 다른 차별화된 요인을 갖지 못한 정보일 확률이 높다. 그런 만큼 개인적인 커뮤니케이션을 통해 얻는 생생한 정보는 더욱 귀하다.

나는 상대만 허락한다면 그렇게 얻은 정보를 곧잘 강연이나 프레젠테이션의 재료로 활용하곤 한다. 어디에서도 쉽게 접하지 못한 정보를 들은 청중의 만족도는 자연스레 높아진다.

동시에 나는 그와 같은 정보를 추상화해서 '범용적으로 사용할 수 있는 지식'이 될 수 있는지 고민해 본다. 새로운 정보를 접했을 때, 얼핏 나와 접점이 없어 보이더라도 '혹시 생생한 정보는 아닐지' 의심하면서 한번 더 주의를 기울여보는 것이다. 이 방법을 사용하면 전혀 다른 업계의 이야기처럼 보이던 내용에서도 내가 적용할 점이 발견된다. 이처럼 '상대를 기분 좋게 하는 일'은 많은 직장인이 쉽게 실천할 수 있으면서 업무 생산성도 높일 수 있는 매우 효과적인 방법이다.

다만 정보 수집만을 목적으로 커뮤니케이션을 하라는 뜻은 아니다. 유용한 정보나 지식을 얻어내기 위해 상대를 이용하는 행동을 '브레인 피킹brain picking'이라고도 하는데, 말 그대로 '두뇌brain에서 무언가를 끄집어내는picking' 행위를 의미한다. 지식사회에서 대부분의 직장인은 자신이 축적한 지식을 장사 밑천으로 삼는다. 따라서 **지식이나 정보를 악의적으로 끄집어내는 건 상대의 머릿속 정보를 훔치는 비겁한 행동**이다.

반대로 브레인 피킹을 당하는 경우도 있다. 자신이 얻을 것이 거의 없는 논의나 모임, 상담 자리가 바로 그런 예다. 참고로 나는 상대방과 이야기를 하다 그런 낌새가 느껴지거든 '이 시간을 통해 저는 무엇을 얻을 수 있을까요?'라고 태연한 척 묻곤 한다. 그런 의연한 태도를 유지 한다면 브레인 피킹을 시도하려던 상대라도 자연스럽게 떨어져 나갈 것이다.

[테슬라]

대시보드에 담긴 미래

앞서 고객이 꾸준히 제품을 이용하게끔 하는 구독형 비즈니스 모델로 SaaS를 소개했다. 여기서 또 하나의 시사점을 얻을 수 있는데, 바로 오늘날 비즈니스에서 **'지속 가능성'이 갖는 중요성**이다.

SDGsSustainable Development Goals는 지난 2015년 유엔UN이 채택한 전 세계의 공통개발 목표로, 세계와 사회를 지속 가능한 방식으로 발전시키기 위한 원칙이다. 빈곤퇴치, 불평등 완화, 환경보호 등을 포함하는 이 원칙은 오늘날 다양한 분야에서 점차 중요한 기준으로 자리 잡고 있다.

그러나 모든 직장인이 아주 먼 미래를 내다보며 지속

가능한 비즈니스 프로세스에 앞장서기란 현실적으로 힘들며, 그럴 필요도 없다. 지속가능성을 복잡하거나 어려운 원칙으로 받아들이기 전에 먼저 손에 들고 있는 스마트폰의 앱을 떠올려 보자. 스마트폰의 앱은 고객이 당면한 과제가 수시로 변한다는 사실을 전제로 설계되어 주기적인 업데이트를 통해 개선된다. 여기에서 '계속 업데이트하는 자세' 또한 지속가능성을 실천하는 하나의 방법이다. 한번 제공한 해답이 영원히 정답일 수 없다는 열린 마음이야말로 지속가능성을 염두에 둔 태도가 아니겠는가.

자동차 업계에서는 세계 시가총액 1위인 테슬라가 좋은 예다. 일반적으로 자동차는 고객의 손에 넘겨진 순간부터 감가상각이 시작된다. 하지만 테슬라는 **고객이 차량을 인수한 후에도 꾸준히 소프트웨어를 업데이트하며 자동차의 품질을 개선시킨다.** 즉, 테슬라의 자동차는 일종의 디바이스device이다. 이와 같은 지속가능성이야말로 테슬라의 철학이자 많은 이용자의 지지와 투자를 이끌어내는 원동력이다.

테슬라의 대시보드

(출처: Tesla, Inc)

혹시 테슬라의 대시보드에서 특이한 점을 발견했는가? 수많은 이음매가 존재하는 다른 차량의 대시보드와 달리 테슬라 차량의 대시보드에는 이음매가 거의 없다. 여기에서 중요한 사실은 바로 '이음매의 수만큼 에코 시스템eco system이 존재한다'는 점이다.

기술 영역에서 에코 시스템이란 제품의 여러 구성 요소가 상호 의존하여 작동하는 시스템을 의미한다. 예를 들어 차량에서는 에어컨의 필터가 망가지거나 수납장이 고장나거나 버튼이 눌리지 않는 등의 문제가 생길 수 있는데, 얼핏 사소해 보이지만 이런 문제는 단순히 부품 하나의 문제가 아니라 복잡한 공급망에 영향을 미치는 사안이다. 예컨대 차량이 미국에서 조립되더라도 필요한 부품이 중국이나 베트남에서 생산된다면 해당 부품이 부족할 경우 전체 생산 공정이 지연될 수 있다.

테슬라는 이러한 유사시에 대비하고자 에코 시스템을 단순화했다. 이는 제조 비용을 절감하는 데 그치지 않고, 생산 공정을 간소화해 서비스의 속도와 품질을 높이고 자원의 낭비를 줄이는 효과를 낳았다. 테슬라의 심플한 대시보드는 그저 보기에만 좋은 것이 아니라 **지속 가능성을 실현한 설계**인 셈이다.

앞서 지금의 세계를 VUCA 시대라고 소개했다. 오늘날 많은 기업은 제품 하나를 생산하기 위해 수많은 국가와 기업이 얽힌 복잡한 공급 시스템을 운영해야 하며, 이는 기업이 예기치 못한 외부 변수에 더욱 취약하게 만든다. 실제로 몇 년 전 코로나19 팬데믹 때 수많은 기업이 물류 대란으로 곤란을 겪었다. 이어 2022년에는 러시아의 우크라이나 침공으로 또 한번 공급망이 붕괴되며 많은 기업이 고전해야 했다.

테슬라는 이처럼 불확실한 미래에 대비한 리스크 관리의 중요성을 보여준다. 테슬라는 복잡한 공급망을 간소화하고 핵심 부품의 외부 의존도를 낮춤으로써 위기 상황에 보다 신속하게 대응할 수 있었다. VUCA 시대를 현명하게 통과하고 싶은 사람이라면 테슬라의 사례를 주목해야 한다.

목표를 명확히 하라는 말의 함정

다시 개인의 커리어 이야기로 돌아오자. 테슬라의 사례에서처럼 어떤 제품이나 서비스를 보고 **'그 핵심은 무엇인지' '그 안에 어떤 과제가 숨어 있는지'를 발견하고 언어화할 수 있는 힘**이야말로 비즈니스에서 성과를 내는 데 특히 중요하다.

물론 기본적인 지식이나 정보 없이 갑자기 날카로운 통찰이 떠오르긴 어렵다. 그러니 평소에 안테나를 세워 '지속가능성' '웹 3.0' '생성형 AI'처럼 화제가 되는 키워드 정도는 이해하고 본질을 파악해 두어야 한다. 그러면 우연히 테슬라의 대시보드 사진을 보았을 때 '테슬라는 지속가능성을 염두에 두고 있구나'와 같이 자신만의 가설이나 관점을 바탕으로 사안을 해석할 수 있다.

기본적으로 **비즈니스란 과제를 해결함으로써 사회에 공헌하는 활동**이다. 당연히 스스로 과제를 찾아낼 수 있는 사람만이 정확한 문제 해결 방법을 제시할 수 있다. 직장인은 언제나 '이용자가 무엇을 느끼는가' '문제의 본질은 무엇인가'와 같은 질문을 자신에게 던지며 답을 찾아나가야 한다.

나아가 이용자가 느끼는 문제나 과제는 시시각각 변화하므로 이에 **지속적으로 대응할 능력도 갖춰야 한다. 이제는 그것까지 해내야 살아남을 수 있는 시대가 되고 있다.** '지속성'이라는 키워드를 예로 들어 생각해 보자. 이를 비즈니스의 목적이나 목표로 설정하는 행동에는 의미가 있다. 하지만 이를 '고정된 목표'로 삼아선 안 된다. 거듭 강조하지만 '지속성'은 항시 변화하는 목적이나 목표에 대응하기 위해 떠오른 키워드이기 때문이다.

그러므로 **목적이나 목표 또한 변화한다**는 사실을 받아들이는 자세가 필요하다. 그리고 **변화를 수용하기 위해 자기 스스로도 항상 변화해야 한다**는 사실은 너무나 자명하다.

우리의 인생에서도 마찬가지다. 대부분의 세상일은 개인의 힘으로 어찌할 수 없는 것들이다. 예컨대 다른 사람과 갈등이 생겼을 때 상대방의 사고나 가치관을 바꾸기란 거의 불가능하다. 그렇기에 법률과 같은 강제력에 의존할 수밖에 없다. 이처럼 통제 불가능한 요소로 가득한 세상에서 자기 자신을 유연하게 바꾸지 못한다면 행복한 삶 또한 불가능하다. 자신만의 해석이나 고집 같은 '믿음'에 사로잡혀 있으면 자신을 변화시킬 수 없으니, 결국 개인 수준에서 '지속성'을 놓치게 된다.

나 역시 주변에서 종종 '인생의 목표를 명확히 하라'는 말을 듣는다. 물론 명확한 목표가 동기부여에 도움이 되는 이도 있겠지만 사람마다 맞는 방법이 다를 수 있다. 이제는 '인생에서 달성해야 할 목표는 단 하나'처럼 경직된 시각보다는 조금 느슨한 관점이 필요한 시대이다. 나 또한 평소에는 목표를 잘 의식하지 않으려 한다. 목표가 있어도 거기에 얽매이지 않고 유연하게 대응하는 태도가 오히려 더 중요하다고 느끼기 때문이다.

우리는 살면서 마주하는 모든 문제를 **하나의 '과정'으로서 받아들일 수 있어야 한다.** 궁극적인 목표나 결론에만 집착하다 보면 현재의 순간을 놓치기 쉽다. 그보다 **'나는 지금 무엇을 할 것인가' '내가 정말 하고 싶은 것은 무엇인가'**라고 질문을 던지며 자신을 변화시킬 때 행복한 인생에 더 가까이 다가갈 수 있으리라.

고정된 사고방식에 얽매이지 않고 변화를 추구하는 사람이라면 어떤 상황에서도 더 넓은 시야로 사안을 바라볼 수 있다. 스스로 받아들일 만한 정보를 적극적으로 찾아 나서면서 **'이 이야기는 이 문제에서도 통하지 않을까?' '이 원칙이 다른 영역에서도 적용되지 않을까?'**처럼 부분에 집착하지 않고 전체를 조망하는 사고를 할 수 있을 것이다.

이런 사고는 앞서 포드와 넷플릭스 사례에서 언급한 문제를 **'추상화'하는 힘**을 길러준다. 구체적인 것을 구체적으로 표현하는 일은 비교적 쉽다. **하지만 구체적인 문제를**

추상화하려고 노력해야만 보다 범용성 있는 해법, 창의적인 아이디어를 떠올릴 수 있다. 그러니 언제 어디서나 변화를 받아들이고 더 폭넓게, 유연하게 생각하는 연습을 하자.

당신만
특별한 건 아니다

그 밖의 다양한 상황에서 '핵심은 이것'이라고 본질을 파악하고 문제를 추상화하고 언어화할 수 있다면 고객에게 더 유용한 아이디어를 제안하고 업무적으로도 더 많은 기회를 얻을 수 있다. 고객의 문제를 메타인지하며 문제의 핵심을 발견하는 것이다.

하지만 아무리 좋은 제안을 하더라도 '아니, 그런 방법은 우리 회사에는 안 통해' '내가 처한 상황은 특수한데'라고 말하는 고객은 언제나 존재한다. '우리 회사는 특별해서 범용적인 솔루션은 통하지 않는다'는 태도다.

나는 그런 이야기를 정면으로 반박하기보다는 이렇게

답하곤 한다.

"그러시군요, 다들 그렇게 말씀하시죠."

이어 "당신은 물론 특별하고 중요합니다. 하지만 특별하고 중요하지 않은 사람이 있을까요?"라고 되묻는다. 다소 짓궂은 질문이지만 대부분 사람은 이 말을 쉽게 부정하지 못한다.

'나는 특별하다'는 생각이 무언가를 하지 않는 이유가 되면 오히려 문제 해결이 어렵다. 그보다는 자신의 상황을 객관적으로 바라보고 문제의 핵심을 파악해서, 도움이 될 만한 범용적인 방법을 취하는 편이 더 합리적이지 않을까? 그런 이야기를 고객에게 전했을 때 비로소 고객이 '나의 시각에만 갇혀 문제를 바라보고 있었는지도 모른다'라고 깨달은 경우가 있었다.

그렇다면 고객의 문제뿐 아니라 개인의 문제를 해결할 때에도 메타인지를 적용할 수 있까? 까다로운 리더와 일하며 고통받는 상황에서 많은 이가 단순히 상사의 나쁜 성격을 원망하곤 한다. 그보다는 '리더와 자신'을 둘러싼 상황을 메타인지해 보기를 권한다. 예를 들어 팀과 리더가 조직 내에서 어떤 역할을 요구받고 있는지, 팀장과 팀원으로서 각자의 입장은 어떠해야 하는지를 한층 높은 관점에서 살펴보는 것이다. 그렇게 바라보면 리더 역시 회사로부터 과도한 목표를 부과받아 압박을 느끼고 있었음을 깨달을 수도 있다. 혹은 부서 차원의 인력 배치나 업무 분배가 부적절했던 것이 원인이었음을 발견하게 될지도 모른다.

이처럼 해결이 어려워 보이는 고민을 안고 있다면 일단 그 고민에서 의식적으로 자신을 떨어뜨려 보라.

'내가 곤란에 처한 근본적인 이유는 뭐지?'

'문제의 핵심은 뭘까?'

'왜 지금과 같은 상황이 벌어진 걸까?'

이와 같이 **기존의 생각에서 벗어나기를 반복하면서 자신과 타인 사이의 공통항을 찾아나가는 것이 메타인지다.** 이런 생각법은 우리의 시야를 한층 넓혀주고, 나아가 스스로를 유연하게 바꿔가는 삶의 방식으로까지 이어질 수 있다.

문제를 인식하게 하는 것이 먼저다

비즈니스의 핵심은 '문제 해결'이므로 **잘 언어화한 과제와 좋은 해결책을 묶어서 제안할 수 있어야** 한다. 흔한 실패 사례는 해결책만을 제시하는 경우이다.

'이 제품은 뛰어납니다.' '이 기능은 이렇게 편리합니다.' '게다가 가격도 저렴하지요.'

솔루션의 장점을 아무리 늘어놓아도 상대가 '나와는 상관없는 일이야'라고 생각한다면 그 제안은 의미가 없다. 그러니 **먼저 고객이 자신의 문제를 인식하도록 도와야 한다.** 그다음에는 자사 제품이 그 과제를 해결하는 데 얼마나 효과적인지를 이해시키는 것이 중요하다.

스마트폰으로 네일스티커를 주문하는 유어네일YourNail이라는 서비스가 있다. 창업자는 와카미야 가즈오若宮和男라는 남성으로, 현재는 여성이 중심인 유니크uni'que라는 회사를 창업해 대활약하고 있다. 그런 그가 과거 자신의 네일스티커를 홍보하는 짧은 프레젠테이션 경연에서 단 첫 마디로 일을 완전히 그르친 적이 있다고 한다. 그는 대체 어떤 말을 했던 걸까?

그것은 "여러분이 네일스티커를 사용할 일은 없겠지만…"이었다. 당시 심사위원은 모두 중년 남성이었으니 딱히 틀린 말은 아니었다. 하지만 그 말을 들은 순간 모든 심사위원은 그의 네일스티커에 흥미를 잃어버렸다. 그렇게 와카미야 씨는 그랑프리를 놓치고 말았다.

만약 와카미야 씨가 문제에 해결책까지 포함하도록 발표를 설계했다면 이야기는 전혀 달라졌을 것이다. 그러나 대체 중년 남성이 네일스티커에 대해 어떤 과제를 가질 수 있을까? 많은 심사위원이 자신의 과제를 알아차리지 못했던 것도 이런 생각 때문이었다.

그렇기에 그들에게는 **'네일아트란 무엇인가'라는 사실부터 전달했어야 했다.** 여성들이 네일아트를 하는 이유는 대부분 아름답고 화려하게 꾸며진 손톱을 보면 기분이 좋아지기 때문이다. 손톱은 화장이나 머리 모양과 달리 거울이 없어도 언제든 눈으로 볼 수 있기 때문에 기분 전환에 특히 효과적이라고 한다. 요컨대 언제든 눈으로 확인할 수 있으면서 단숨에 기분이 좋아지는, 무척 가성비가 좋은 꾸밈인 셈이다.

다만 여성 중에는 네일아트를 하고 싶어도 하지 못하는 사람이 매우 많다. 이를테면 육아 등 바쁜 일과 때문에 시간 여유가 없는 사람이나 의료 관계자를 비롯해 네일아트를 받기 어려운 업무에 종사하는 사람들이 그렇다. 하지만 그들 중 상당수는 네일아트를 하고 싶은 마음이 있을 것이다.

중년 남성들에게 여기까지 전달했다면 이제 던져야 할 말은 다음과 같다.

"그런 여성들에게 네일스티커를 선물한다면 여러분은 영웅

이 될 수 있습니다."

이것이 '중년 남성에게 네일스티커란?'이라는 과제의 해결법이다. 네일아트를 하지 못하는 여성들이 네일스티커로 '기분이 좋아진다'면, 이는 여성이 미소 짓기를 바라는 남성에게도 기쁜 일이다. 바로 이 점을 공략해 남성들에게 손톱을 가꿀 수 없는 여자친구나 집안일을 돕지 못한 날 아내에게 네일스티커를 선물하기를 권한다면 '당신도 이 상품의 고객'임을 깨닫게 할 수 있다.

자기와는 전혀 무관해 보이는 일마저 자신의 과제로 받아들이도록 시점을 변화시킨다.

여기에서 비즈니스의 승부가 결정난다. 그러므로 비즈니스 제안이나 프레젠테이션의 성공 여부는 그저 듣기 좋은 말솜씨가 아니라, **어떤 과제를 자신의 일로 받아들이도록 상대를 납득시키는 설득력**에 달렸다. 이와 같이 상대를 설득할 수 있는 사람은 반드시 성공적인 비즈니스를 일구게 될 것이다.

주어를 바꾸면 벌어지는 일

언뜻 소수와만 관련 있는 것처럼 보이는 과제를 여러 사람의 공통된 과제로 제시하는 것. 이는 여러분의 업무나 생활 속에서도 실천할 수 있는 일이다.

직장에서 무언가를 바꾸자고 제안했는데 거절당한 경험이 있는가? 혹은 어떤 문제를 해결하기 위한 A안과 B안을 두고 의견이 완전히 갈리는 경우를 본 적이 있는가? 바로 그 순간이 특정 과제를 추상화해서 '모두의 과제'로 만들 기회다.

여기에서 '모두'란 고객, 이용자, 시장 등을 의미한다. 즉 '당신의 제안을 왜 받아들여야 하는가' 'A안과 B안 중 무엇이 더 좋은가'를 두고 논쟁하는 대신, **'어떻게 하면 고객이나 이용자가 행복해질 수 있는가'로 문제를 바꾸어 생각하는 것이다.** 이처럼 단지 주어를 바꾸기만 해도 문제를 한결 수월하게 해결할 수 있다. 대상은 바뀌지 않았지만 우리가 대상을 인식하고 접근하는 방법이 달라지기 때문이다.

자고로 모든 비즈니스는 사회에 공헌해야 한다. 사회에 공헌하지 않는 비즈니스가 있다면 이는 아무도 행복하게 만들지 못했는데도 이익을 거두었다는 뜻이니 범죄와 다를 바가 없다. 비즈니스의 전제는 '사회적 가치'이다. 그러지 못하는 기업이나 제품은 얼마 못 가 세상에서 사라지고 만다.

이 사실을 바탕으로, A안과 B안을 두고 의견이 갈릴 때 '사회에 더 공헌하는 방안은 A안인가? 아니면 B안인가?'라고 질문을 바꿔볼 수 있다. 물론 '최대의 공헌'이라는 개념은 여러 가지 상황을 포함한다. 예컨대 서비스를 제공한 그 순간 행복한 사람의 수가 많기 때문에 최대라고 할 수도 있고, 아니면 적은 수의 사람이라도 그들의 행복이 오래 지속되기 때문에 최대라고 할 수도 있다. 어느 쪽을 선택하는지에 따라 비즈니스의 디자인이 달라지게 된다.

아무튼 **사회적 가치라는 관점에서 '사람은 무엇으로 행복해지는가'에 대한 정의를 내릴 수 있으면 된다.** 'A안은 이렇고, B안은 이렇다'라는 식으로 제안을 주어로 삼는 대신, 'A안 혹은 B안을 따랐을 때 행복해지는 사람은 누구인가'라는 식으로 '고객과 이용자'를 주어로 삼는다면 보다 나은 결과를 이끌 수 있을 것이다.

이처럼 업무를 메타인지한다는 것은 **'자신' 혹은 '자사'를 주어로 하는 시점에서 가능한 한 멀리 떨어져 사안을 바라보는** 일이다. 그리고 타인이 얼마나 깊고 폭넓게 행복해질 수 있는지를 탐구하는 일이다. 이 과정이야말로 진정한 비즈니스다.

궁극적인 목표나 결론에만 집착하다 보면
현재의 순간을 놓치기 쉽다.
그보다 '나는 지금 무엇을 할 것인가'
'내가 정말 하고 싶은 것은 무엇인가'라고
질문을 던지며 자신을 변화시킬 때
행복한 인생에 더 가까이
다가갈 수 있으리라.

2부
실전

어떻게 나답게 일하며 살 것인가

PERCEPTION

CREATIVITY

CONNECTIVITY

INSIGHT

SUSTAINABILITY

IDEATION

FACILITATOR

THINKING

5장

성과의 공식

바꾸고 연결하고 빛나게 하라

THINKING

나쁜 리더의 말 습관

앞장에서 '비즈니스는 누구를 행복하게 할 것인가, 누구의 어떤 과제를 해결할 수 있는가의 문제'라고 밝혔다. 하지만 사원이나 실무자가 이런 의식을 가졌음에도 팀을 총괄하는 관리자나 리더의 의식이 부족한 경우가 매우 흔하다.

특히 보수적인 일본 사회에서는 여전히 많은 관리직이 일종의 '명예직'처럼 남아 있다. 연차에 따라 연봉을 인상하기 위해서는 승진을 시켜야 하고, 승진을 시켜야 하니 팀을 꾸려야 한다…. 이처럼 주객이 전도된 이야기를 너무 자주 듣게 된다. 심지어는 직원의 고령화로 관리직의 숫자만 늘어나서 팀원 없는 팀장이 속출하고 있다고 한다. 팀원이 없으니 관리자의 사고를 갖출 기회 또한 얻을 수 없게 된다.

이 외에도 성가신 문제로는 **관리자급 직원이 사내의 제도나 관습, 정치 등에 지나치게 최적화되는 문제**가 있다. 그들이 가장 자주 하는 말로는 '우리 회사는 말이지…' '우리 부서는 말이야…' 등이 있다.

조직의 기존 제도나 관례에 최적화된 사람은 그 조직에는 잘 적응할 수 있을지 몰라도, 회사에서 능숙하게 살아남는 일만을 최우선으로 생각하게 된다. **'무엇을 위해 일하는가'처럼 일하는 사람이 해야 할 본질적인 고민을 하지 않게 되는** 것이다.

앞서 비즈니스에서 유일하게 따라야 하는 기준은 법률임을 언급했다. '무엇을 위해 일하는가'에 대한 고민이 부족하다 못해 극단으로 치달은 경우가 바로 부정 회계와 같은 불법 행위다. 모두 **사내의 편의만을 최우선으로 생각했기 때문에 빚어지는 결과**이다.

무능한 관리자 문제, 불법 행위 문제 등을 저지르지 않으려면 비즈니스의 기본을 확실히 해야 한다. 법률 준수는 비즈니스의 대전제이며, 이 대전제를 바탕으로 가장 우선적으로 고려해야 할 사항은 앞서 언급한 '사회적 가치'이다. 즉, '더 많은 사람이 행복해지려면 어떤 비즈니스가 필요한가'를 고민해야 한다. 여기서 '사회'를 '회사'로 바꾸어 '자사의 이익'만을 고려하는 회사는 XaaS 세계에서 살아남을 수 없다. 이제 사람들은 그런 기업에 충성하지 않기 때문이다.

법률을 따르고 사회에 공헌한다. 사내 사정이나 업계 관례와는 관계없다.

이것이 제대로 비즈니스를 하려는 사람에게 필요한 기본적인 마음가짐이다.

관리자의 진짜 기본

오늘날 일하는 사람은 모두 '비즈니스는 사회적 가치'라는 관점에서 일에 임할 필요가 있다. 그럼에도 '사회에 공헌할 방법'을 디자인하는 것은 우선 경영자의 일이다. 같은 목표를 위해 일을 운용하는 것이 관리자가 할 일이며, 더 세부적인 과업을 실행하는 것이 사원이 할 일이라고 정리할 수 있다.

한마디로 경영자는 사회의 니즈와 비즈니스의 접점을 보고, 관리자는 사업의 구조나 조직 내부의 구조를 보고, 일반 사원은 가장 해상도가 높은 현장, 즉 제조 현장이나 고객의 반응 등을 보는 것이다. 나는 이를 **'경영의 3층 구조'**

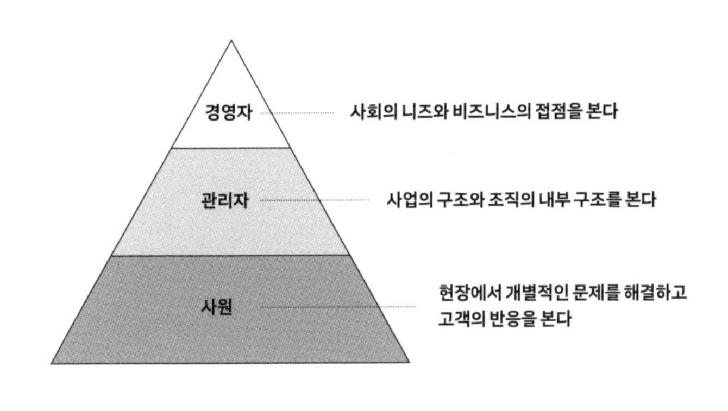
경영자
사회의 니즈와 비즈니스의 접점을 본다
관리자
사업의 구조와 조직의 내부 구조를 본다
사원
현장에서 개별적인 문제를 해결하고 고객의 반응을 본다

경영의 3층 구조

라고 명명했다.

경영의 3층 구조가 무엇인지 스포츠카의 예를 들어 자세히 살펴보자. 스포츠카가 사회에 공헌하는 점이라면 고객에게 빠르고 박진감 넘치는, '스포티한' 운전 경험을 제공한다는 것이다. 이것이 경영자가 갖추어야 할 관점이다.

한편 관리자는 안전 차원에 초점을 맞춰야 한다. 자동차가 속도를 내거나 커브를 돌 때, 혹은 차체를 멈출 때 운전자의 안전을 위협하지는 않는지 검토하고 더 나은 기술이 스포츠카에 적합한 형태로 실현되게끔 조정하는 일이 관리자의 과업이다.

그리고 더 세부적인 차원으로 내려간다면 핸들의 그립, 힘찬 가속, 각종 옵션과 장비 등 스포츠카의 여러 개별 특성을 실현시켜야 한다. 이것이 일반 사원의 과업이다.

이제 관리자의 역할을 정리할 수 있다. 관리자는 '스포티하게 달릴 수 있다'는 스포츠카의 사회적 공헌과 스포츠카를 스포츠카답게 만드는 각각의 기능을 '안전하게'

실현시키는 조정자다.

트럭의 경우도 마찬가지이다. 트럭은 '많은 짐을 실어서' 사회에 공헌한다. 이를 위해 사원은 트럭이 강력한 추진력과 튼튼한 내구성을 갖출 수 있도록 세부적인 부분을 관리한다. 그리고 관리자는 트럭이 달리거나 커브를 돌거나 멈추는 등의 기능을 '안전한 상태'에서 수행할 수 있도록 한다.

요컨대 **관리자의 역할은 경영자층과 일반 사원층을 연결해주는** 것이다.

경영자는 비즈니스의 궁극적인 목적을 넓게 바라보는 반면, 현장의 일반 사원은 세부 기능 향상에 집중하기 때문에 부감하며 사고할 여유가 부족하다. 그런 **경영자와 일반 사원간의 이음매 역할을 하면서, 두 시점을 모두 오가며 마치 전문 통역사처럼 소통하면서 사업을 운영한다.** 이것이 관리자 역할의 본질이다.

일은 물처럼 흘러야 한다

경영의 3층 구조 중 한가운데에 위치한 관리자의 역량에 따라 사업의 결과는 크게 달라진다. 하지만 유감스럽게도 내가 관리자 연수 프로그램을 진행한 많은 기업에서는 중간층이 제대로 훈련되지 않거나 육성되지 않고 있었다. 상당수는 사업 관리 방식에 대한 명확한 지침을 갖고 있지 않았고 앞서 언급한 것처럼 관리자가 '명예직'으로서 관리직에 앉아 있는 경우도 많았다.

능력이 부족한 관리자는 사회적 가치를 위한 경영진의 비전을 구체화하지 못하거나, 반대로 여전히 일반 사원처럼 현장에만 집중하는 의사결정을 내리곤 한다. **본래 관리**

직이란 '책무'여야 하는데, 이를 '명예'로 부여하면서 초래된 현실이다.

무능한 관리자가 있는 조직에서는 내분이 자주 발생한다. 앞서 언급한 트럭의 예를 들면 '많은 짐을 나른다'라는 목표를 명확히 한 후 이를 실현시키기 위한 개별 기능을 개발해야만 한다. 하지만 관리자의 방침이 한쪽으로 치우치거나 애매모호하면 일반 사원들은 갈피를 잃고 일을 제멋대로 처리하게 된다. 가령 너무 빠른 속도를 출력하는 엔진을 만들거나, 튼튼하지만 지나치게 무거운 차체를 개발하는 등 '많은 짐을 나른다'는 본래의 목표와 완전히 동떨어진 결과가 나올 수 있다.

문제는 모두가 맡은 바를 성실히 수행했다는 점이다. 사원들은 입을 모아 '우리 부서는 열심히 노력하는 중이다' '우리 부서는 최고 성능의 제품을 만들었다'라며 내부 기준에 안주해 버린다. 그럴 때 고객을 만족시키고 사회에 공헌한다는 비즈니스 목표의 실현은 자연스럽게 멀어진다.

훌륭한 관리자는 비즈니스의 목표를 바탕으로 현장을 조정한다. '어느 정도 성능의 엔진이 짐을 나르는 데 최적인가?' '많은 짐을 나르기 위해 차체는 어떻게 제조되어야 하는가?'처럼 목표에 따른 과업을 부과하며 현장을 매끄럽게 연계한다.

반면 훌륭하지 못한 관리자는 통로가 좁은 물병처럼 일의 흐름을 저해하고 생산성을 떨어뜨린다. 이른바 보틀넥bottleneck현상이다.

요컨대 관리자는 경영자의 '시점', 현장의 '논리', 그곳에서 일하는 사람들의 '뜻'을 이해하며 자사의 사회적 공헌을 위한 지시를 내리고 일을 이끌어야 한다.

그리고 한 가지 더. 관리자가 부서 간의 다툼을 유발하는 것은 금물이다. 관리자에게는 다른 부서와 그 직원들도 같은 목표를 가진 동료라는 의식이 필요하다. 오늘날 일본 기업의 가치가 좀처럼 상승하지 않고 생산성이 지지부진한 이유에는 그와 같은 능력과 의식이 부족한 관리자들이 큰 몫을 하고 있지 않을까.

마이크로소프트의 관리직

내가 속했던 일본 마이크로소프트는 관리자를 충실히 훈련시키는 곳이었다. 또한 관리자는 팀원들에게서 자신의 성과와 적성을 엄격하게 평가받아야 했다. 나쁜 평가를 받으면 관리직에서 내려오는 경우도 있었고 인원수의 균형을 고려해 관리직에서 물러나는 경우도 있었다.

다만 이것이 일방적인 강등이나 좌천을 의미하지는 않았다. **어디까지나 관리직이 수행할 '역할'이 있다고 보는 관점에서 그 사람은 그 역할에 어울리지 않거나 다른 사람이 그 일을 더 잘 수행할 수 있다고 판단했을 뿐이다.** 직원으로서의 그의 가치가 떨어진 것은 아니었기 때문에 급여 상한 또한 동일하게 적용받았다.

물론 급여 수준에 따라 기대되는 역할과 책임은 다르다. 매출에 대한 책임의 정도, 수행해야 할 일의 난이도와 범위 등은 급여에 비례한다. 하지만 관리자인지 아닌지 여부는 급여와 연동되지 않는다. 이것이 앞에서 언급했던 직무형 고용의 본질이다. 관리자라는 일job이 있을 뿐, 그 일을 그만두더라도 일반 사원으로서 기대치에 부응한다면 좋은 평가와 급여를 받을 수 있다. 어디까지나 **수행하는 일에 대해 급여가 지불된다**는 뜻이다.

내가 마이크로소프트에 있을 때는 관리자 한 명이 약 7명의 팀원을 통솔했다. 이를 통솔 범위span of control라고 하는데, 만약 팀원이 10명이라면 2명의 관리자를 두어서 2개의 팀을 꾸렸다. 팀원의 수가 줄면 관리자 수도 줄이는 식이었다. 이처럼 인원수를 고려한 경영 방침이 있었기에 엉뚱한 관리자가 보틀넥을 유발하는 상황을 막을 수 있었다.

이처럼 **각자가 적성에 맞는 '역할'을 수행하는 직무형 고용**

하에서 노동생산성은 자연스럽게 증대된다. 이는 또한 개인의 체면이나 위신 차원에도 긍정적인 효과가 있다. 관리자직을 그만둔 사람도 자신의 가치를 의심하지 않고 일에 임할 수 있기 때문이다.

다만 직무형 고용이 만능은 아니다. 직무형 고용구조가 지나치게 적용될 경우 회사는 인재 유출이라는 문제를 안게 된다. 연공서열 중심의 고용구조에서는 직원이 조직이나 업무에 더 깊은 애착을 갖고 공헌하기가 쉽다. 반면 직무형 고용 시스템 아래에서는 자신에게 더 잘 맞는 일과 조직을 찾아 자유롭게 이동할 수 있다.

또한, **우수한 사원이었다고 해서 관리자가 되었을 때 바로 능력과 자질을 갖출 수 있는 것은 아니다.** 누구라도 일정한 시간 동안 훈련을 받아야 한다. 그리고 훈련했지만 관리자로서 적성이 없는 경우도 충분히 있을 수 있다. 그래서 마이크로소프트에서 관리자가 되려면 일정한 기준을 통과해야 했다. 팀원을 이끌 리더십이 있는가? 경영자의 생각과 현장의 생각을 연결할 능력이 있는가? 이러한 자질이 있다고 여겨지는 사람만이 정식으로 관리자직을 제안 받는 구조였다.

시야가 넓은 사원은 이렇게 질문한다

직무형 고용의 반대 개념으로는 대학 졸업자를 일괄 채용해 조직에 맞는 인재로 육성하는 '멤버십형 고용'이 있다. '일본형 고용'이라 부를 만큼 많은 일본 기업이 채택하는 방식으로, 연공서열 제도와도 맞물린다. 사람들은 대학 졸업 직후 입사한 회사에서 정년까지 머무른다. 그 대신, 업무나 근무지의 변경 등에 임기응변으로 대응하며, 정해진 직무보다는 한 조직의 일원으로서 기여하게 된다.

최근 많은 기업이 직무형 고용을 도입하려는 배경에는 멤버십형 고용의 구조적 문제가 자리하고 있다. 이 구조에서는 직원들이 잔업을 통해 수입을 늘리려는 왜곡된 동기를 가지기 쉽다. 멤버십형 고용에서는 기본급 인상이 제한되어 있고 승진 역시 연차에 따라 이루어지기 때문에 개인의 노력만으로 수입을 늘릴 수 있는 방법이 거의 없다. 결과적으로 직원들은 **불필요한 잔업을 늘려 잔업수당을 월급에 보태려는 유혹에 빠지기 쉽다.**

이로 인해 업무를 의도적으로 지연시키는 일이 발생하고, 시간당 효율이 저하되며 전반적인 노동생산성이 악화된다. 기업들이 직무형 고용으로 전환을 모색하는 이유는 바로 이러한 비효율적인 관행을 바로잡기 위함이다.

관련된 에피소드 하나를 소개하고자 한다. 집 열쇠를 잃어버렸을 때 잠긴 문을 열어주는 열쇠 전문가에 관한 이야기다. 숙달된 전문가였던 그는 곤란한 고객을 앞에 두고 문을 여는 데에만 집중해서 단 10분 만에 문제를 해결했다. 이 일은 한 건에 1만 엔이었고, 고객이 기꺼이 보수를 지불함으로써 일은 마무리되었다.

하지만 사무소로 돌아온 그는 신입 직원의 이야기를

듣고 경악했다고 한다. 경험이 부족했던 신입 직원은 그리 어려운 유형도 아닌 문을 여는 데 2시간이나 걸리고 말았다. 그런데 고객은 땀을 뻘뻘 흘리면서 문 앞에서 끙끙대던 그에게 크게 감동했고, 정해진 보수 외에 1만 엔의 팁을 주었다는 것이다.

사람의 감정은 참으로 헤아리기 어렵다. 냉정하게 생각해 보면 10분 만에 문을 열어준 사람이 일을 더 잘 해낸 셈이니 본래라면 그가 팁을 받아야 마땅하다. 하지만 눈앞에서 자신을 위해 고생하는 사람을 보면 누구나 동정심이 생기기 마련이다. 무의미한 잔업일지라도 애쓰는 사원을 보면 관리자에게도 비슷한 마음이 생길 것임을 쉽게 예측할 수 있다. 관리자라면 이런 상황을 각별히 경계해야 한다.

그렇다면 사원에게는 어떤 과제가 요구되는가. 결론부터 이야기하면 관리자의 생각을 완전히 이해하고 일하는 평사원은 그리 많지 않다. 그들은 서로 전혀 다른 것을 보며 일하기 때문이다. **그래서 사원은 먼저 자신이 '관리자의 시점을 완전히 이해하지 못하고 있다'는 사실을 인지해야 한다.** 즉, 자신의 시각을 메타인지할 필요가 있다.

메타인지 능력이 출중한 사원은 평소 관리자에게 **'당신이 생각하는 바를 알려달라'라는 자세로 업무를 하게** 된다. 당연히 관리자는 그 질문에 대답할 책임이 있다. 조금 더 구체적으로 말하면, 일반 사원은 매일 고객과 직접 소통하면서 고객의 상황을 생생하게 접한다. 따라서 그들이 경험한 고해상도의 고객상을 더 적극적으로 관리자에게 전달 가능하다. 이후에는 **'자사의 임무를 해결하기 위해 이런 전략을 써보면 어떨까요?'**라고 제안할 수도 있다. **일개 사원도 관리자에게 새로운 전략을 건의할 수 있다는 뜻이다.**

관리자는 경영자와 일반 사원을 연결해야 하지만 현장의 세세한 부분을 다 보기는 어렵다. 명확한 고객상을 이해하고자 하는 관리자는 그런 사원의 질문에 진지하게 답할 것이고, 사원이 공유해 준 정보에 감사할 것이다.

이때 사원은 자신이 접하는 고객이 일반적인 '고객상'

은 아닐 수 있다는 사실에 주의해야 한다. 이는 어디까지나 자신이 소통하고 있는 하나의 케이스일 뿐이니 '세상의 모든 고객은 이렇게 생각한다'라고 일반화하지 않도록 유의하자. 현장에서 해상도 높은 업무에 집중하는 데에서 나아가 **관리자가 보고 있는 세계에 대해서도 알려고 노력해 보자.** 그런 자세야말로 자신의 시야를 한층 넓혀줄 것이다.

"왜 못 하는 거야?"

만약 사원의 질문에 '그런 것은 직접 생각하라'고 말하는 관리자가 있다면, 분명히 말하지만 그는 관리자로서의 능력이 없는 사람이다. 추측하건대 일반 사원으로서 성과를 냈다는 이유만으로 팀을 맡게 된 경우일 텐데, **자신이 공을 세웠던 업무와 관리자로서의 업무가 전혀 연동되지 않은 상태**인 것이다. 심지어 그런 자신을 메타인지할 능력도 부족하기 때문에 리더로서의 자질이 부족하다는 사실을 자각하지 못할 가능성이 있다.

부하 직원의 고민에 둔감한 이런 관리자가 흔히 범하는 오류가 있다. 일에 미숙한 팀원을 **"왜 못 하는 거야?"**라며 질책하는 것이다. 애당초 왜 못 하는지를 모르기 때문에 문제가 발생한 건데 자신은 그런 일을 겪은 적이 없기에 상대를 이해하지 못하는 것이다. 이처럼 상황을 메타인지하지 못한 결과, 걸핏하면 "정신을 더 바짝 차려라" "근성을 발휘해라" "젊은 사람들은 참을성이 없다"라는 말을 꺼내게 되거나 "내가 젊었을 때는 말이야…"라며 자신의 성공 경험을 강요하고 만다.

엉뚱한 감정이나 정신 상태를 언급하는 이유는 상대에 대한 정보가 부족하기 때문이다. 원래 현장에서 일어나는 일을 이해하지 못하면 적절한 조언은 불가능한 법이다. 관리자가 잘못된 조언을 하는 이유는 팀원이 곤경에 처한 이유를 모르기 때문이고, 그것을 모르는 까닭은 '팀원이 모르는 것을 알고자 하는 마음이 없기' 때문이다.

이는 물론 일반 사원에게도 해당하는 말이다. 그러나 **일을 풀지 못하는 팀원을 둔 관리자라면 '그 사람이 보고 있는 세계'를 이해하려 해야** 한다. 물론 다른 사람의 경험을 온전히 체험하기란 불가능하다. 당사자 역시 무엇이 잘 풀리지 않는다고 제대로 표현하지 못하는 경우가 많다. 그럼에도 해답은 그 사람의 발언이나 행동 속에 있기 때문에 그것을 끄집어내고자 하는 노력이 중요하다.

요컨대 관리자는 사원과 눈높이를 맞출 수 있어야 한다. 원기둥은 위에서 비스듬히 보면 원기둥임을 알 수 있지만 옆에서 보면 직사각형으로 보인다. 비슷한 예로 어린아이가 낮은 시선에서 "OO를 찾았다!"라고 말했을 때, 어른은 어린이의 시선에 맞춰 몸을 웅크려야 비로소 "이것 말이구나" 하고 말할 수 있다. 바로 이처럼 관리자는 **상대방을 위해 무릎을 굽히고 그와 시야를 맞추려는 마인드를 반드시 갖추어야 한다.**

관리자의 진짜 역할

"저에게는 이렇게 보이는데, 당신에게는 어떻게 보입니까?"

관리자와 팀원 사이에는 항상 이런 물음이 오가야 한다. **상호간의 차이를 이해하고 상대방의 사고나 행동을 '받아들이는'** 것이다. "넌 그래서 안 되는 거야"라는 지적은 누구나 할 수 있다. 관리자는 상대방을 내려다보며 평가하기 전에 자신이 상대방의 시야에 서 있는지 그렇지 않은지를 돌아봐야 한다.

나는 **'관리자가 할 일은 팀원과 대화하는 것뿐'**이라고 항상 생각해 왔다. 마이크로소프트에서도 관리자의 최우선 업무 중 하나는 팀원과 진행하는 '일대일 미팅'이었다. 그리고 **이 일대일 미팅에서 절대로 해선 안 되는 말이 바로 상대를 심판하는 말**이다. "그래선 안 된다" "그건 네 잘못이다"라고 말하기 시작하면 일대일 미팅은 공포의 자리로 변해 버리고 만다.

관리자가 자신의 지론을 주절주절 늘어놓는 것도 바람직하지 않다. 오히려 말없이 팀원의 이야기를 들어주고, 상대방이 하고 싶은 이야기를 하게 하는 것이 관리자의 역할이다. 관리자가 효과적으로 사용할 수 있는 내용은 **자신의 실패담** 정도다. 실패담이라면 상대도 쉽게 받아들일 수 있을 테니 말이다.

그렇긴 하지만 상대에게 업무적으로 개선을 요구하고 싶은 경우도 있을 것이다. 그럴 때 효과적인 방법은 무엇일까? 여기서 중요한 것은 **'팩트**fact**(사실)'**이다. 업무적으로 뭔가 문제가 발생했을 때, 아무리 '옳지 않다'고 지적해 봐도 상대가 그것을 문제라고 인식하지 못한다면 전해지지 않는다.

왜 그것이 옳지 않은지, 그 이유를 사실 관계를 통해 공유해야 상대방이 납득할 수 있다. 예를 들어 공격적인 말투를 가진 팀원 때문에 팀의 분위기가 나빠진 상황을 생각해 보자. 정작 본인은 자신의 발언이 공격적이었음을 자각하지 못하는 상황이다.

그럴 때는 우선 좋은 조직의 정의에 대한 합의부터 마련해야 한다. 좋은 조직이라면 누구나 자신의 생각이나 기분을 안심하고 발언할 수 있어야 하고 다른 사람은 이를 꾸짖지 않아야 한다. 이처럼 '심리적 안정성'이 갖춰진 예시문을 준비해서 "이렇게 하면 상대방이 안심하고 대화를 할 수 있을 것 같지 않나?"라는 질문을 하면 서로 다른 시각 사이에서도 합의를 도출할 수 있다. 또는 다른 팀의 온라인 회의 장면을 함께 보며 "이 대화는 어떻게 느껴지나?" "이렇게 대화를 나누면 상대방이 안심할 수 있지 않을까?" 등의 이야기를 나누며 문제를 파악할 수도 있다.

아직 문제를 문제라고 인식조차 못하는 상대에게 느닷없이 "그렇게 대화하면 곤란하잖아!"라고 질책한다면 상대는 납득하지 못할 가능성이 크다. 관리자에게는 상식적인 비즈니스 매너가 상대에게는 낯설 수 있다. 혹은 그렇게 할 수밖에 없었던 이유가 있었을지도 모른다.

그럴 때 관리자가 가장 먼저 해야 할 일은 서로 다른 인식을 일치시키는 것이다. 어디까지나 객관적인 '팩트'를 바탕으로 문제를 공유하고 상대가 개선해야 할 점을 알려줌으로써 문제를 해결할 수 있다.

그런 의미에서 **팀원과 경쟁하려는 사람은 관리자가 되어서는 안 된다.** 팀원과 경쟁하려는 사람은 자신의 권한을 이용해 편파적인 평가를 내리거나 질투로 인해 비합리적인 언행을 할 위험이 크다. 이는 팀 내 신뢰를 깨뜨리고 분위기를 해치는 결과로 이어질 것이다.

반대로 팀원들에게서 솔직한 피드백을 꾸준히 받아들이고, 때로는 '호되게 깨지는 것'조차 기꺼이 수용하는 사람이야말로 관리자에 적합한 인물이다. 자신이 틀릴 수 있음을 인정하고 팀원들의 비판을 열린 마음으로 받아들이는 사람은 더 나은 의사결정을 내릴 수 있다.

나아가 "당신 정말 굉장한걸!"이라고 팀원을 칭찬할 수 있는 관리자라면 그의 인생은 무척이나 행복할 것이다. 팀원들 각자가 자신의 재능을 발휘해 관리자를 도와줄 것이고, 팀의 분위기도 점점 좋아질 테니 말이다.

팀원의 실패를 기회로 바꿔라

관리자를 난감하게 하는 또 다른 과제로는 '팀원의 실패를 어떻게 다루어야 할까'가 있다. 고의로 혹은 단순히 방심해서 생긴 문제라면 당연히 잘못을 지적하고 시정하도록 해야 한다. 하지만 그런 경우가 아니라면 **'그 실패를 통해 어떤 것을 배웠는지'를 묻는 일**이 무엇보다 중요하다. 어떤 실패에서든 반드시 배울 점이 있기 마련이며, 이를 일깨워주는 것이 관리자의 역할이기 때문이다. 팀원의 실패를 두려워하기보다 '이것도 배움의 기회'라며 환영하는 마음을 가질 수 있다면 관리자로서의 일이 훨씬 즐거워질 것이다.

많은 이가 실패가 반복되면 스스로 반성하고 개선해야 한다고 생각한다. 그러나 나는 관리자가 팀원의 실패에 적극적으로 개입할 필요도 있다고 본다. 왜냐하면 관리자의 중요한 역할은 **실패가 재현되지 않도록 환경을 조성하는 것**이기 때문이다. 이미 벌어진 일을 되돌릴 수는 없지만, **'무슨 일이 있었는지' '어떤 점이 부족했는지'**를 명확히 파악해 개선해 나가는 자세가 필요하다. 이는 단순히 실수를 막는 데 그치지 않고 팀원들이 더 나은 성과를 낼 수 있는 발판을 마련하는 과정이다.

따라서 팀원이 일에 실패했을 경우에는 "무슨 일이 있었나요?" "원인이 외부에 있었다고 생각하나요, 아니면 당신에게 있었다고 생각하나요?"와 같은 질문을 던져도 괜찮다. 이러한 질문을 시작점으로 삼아 "지금 어떤 걱정거리가 있나요?" "스스로 부족하다고 느끼는 부분이 있나요?" 하고 대화를 이어간다면, 팀원이 관리자에게 자신의 고민이나 불안을 털어놓을 수 있게 되고 그에게 필요한 훈련과 개선책도 한결 수월하게 마련할 수 있다. 참고로 나는 팀원이 실패했을 경우 먼저 "수고했어"라며 그의 도전을 칭찬하는 방식으로 말문을 트곤 했다.

팀원이 업무에 집중할 수 있는 환경을 갖춰주는 것이야말로 관리자가 할 일이다. 만약 팀원이 "이 일은 도무지 나와 맞지 않는다"라고 고민을 털어놓는다면 곧바로 적합한 다른 사람에게 일을 배치할 수 있어야 한다. 이러한 조치는 모두 꾸준히 대화를 해와야 가능한 것들이다. 소통이 부족하다면 언제까지고 같은 실수를 반복할 수밖에 없다. 그러니 이 점을 반드시 염두에 두자. 관리자의 역할은 단순 지시를 넘어, 팀원과 지속적으로 소통하는 것이다. 그렇게 그들이 최상의 성과를 낼 수 있는 환경을 만들어주어야 한다.

관리자의 기본 태도

앞서 관리자의 역할은 경영자가 추구하는 사회적 가치와 일반 사원의 관점을 연결하는 것이라고 언급했다. 또한 일대일 미팅을 통해 팀원과 세심한 대화를 지속하는 일이 관리자에게 가장 중요한 업무 중 하나라고 말했다. 이러한 맥락에서 관리자에게 요구되는 기본적인 태도가 무엇인지 도출할 수 있다.

그것은 타인에게 흥미를 갖는 자세이다.

물론 타인에게 관심을 가지는 일이 쉽지 않을 수는 있

다. 그러나 결코 불가능하지는 않다. 왜냐하면 **타인에게 흥미를 가지는 일은 기술의 문제가 아니라 의지의 문제**이기 때문이다.

타인을 '고객'으로 바꾸어 바라보는 시도도 유용하다. 예를 들어 팀원이 "고객이 저희 제품에 흥미를 보이지 않는 것 같습니다"라고 말했다고 가정해 보자. 이 발언은 진실일 수도 있지만 팀원이 느낀 막연한 인상에 불과할 수도 있다.

이럴 때 관리자는 우선 손님에게 어떻게 제품을 설명했는지 물어보며 구체적인 상황을 파악해야 한다. 이어서 "손님에게서 어떤 반응이 돌아왔나?" "손님이 직접 흥미가 없다고 말했나?" "이쪽에서 먼저 키워드를 던지면서 어디에 반응하는지 알아보면 어떤가?" 같은 질문을 통해 고객의 반응을 분석하고 고객의 이미지를 명확히 만들려는 시도를 할 수 있다.

소통은 상대(고객)에게 흥미를 가지는 데서 시작된다. 상대방에게 딱히 흥미도 없으면서 단지 마케팅 회의를 위해 어설프게 고객을 분석하거나, 어중간한 제안만으로 영업에 나서기 때문에 타기팅을 그르치고 마는 것이다. 하지만 **고객에게 진정으로 흥미를 느끼고 싶다는 의사만 갖고 있다면 고객을 더 깊이 이해할 수 있게 되고, '고객이 정말로 바라는 것'이 무엇인지**도 파악할 수 있다.

누차 강조했듯 비즈니스를 하는 사람에게는 모든 주어를 '고객'으로 바꾸어 생각하는 습관이 필요하다. '고객이 가장 원하는 것은 무엇인가?'를 끊임없이 고민하고 그것을 구체화해 빠르게 현장에 반영하는 것이 가장 단시간에 성공하는 길이다. 이와 같은 맥락에서, 관리자의 태도 중 가장 중요한 건 부하 직원에게 흥미를 갖고 그들의 생각과 행동을 이해하려는 노력이다.

회사의 규정을 나에게 맞게 이용하는 법

지금까지 관리자에게 요구되는 사고방식과 행동 패턴에 대해 구체적으로 설명했다. 이제는 일반 사원의 시각에 대해서 생각해 보자.

만약 당신의 회사에 '허울뿐인 관리자'가 존재한다고 가정해 보자. 그 근본적인 원인은 앞서 언급한 것처럼 명예직으로 관리자 직급을 부여하는 구조적 결함에 있을 가능성이 크다. 문제는 이러한 결함이 일반사원으로서는 제어할 수 없는 부분처럼 보인다는 점이다. 그래서 많은 사원은 이를 고치려 하지 않고 쉽게 포기해 버린다.

그러나 그냥 포기하기 전에 **'내가 통제할 수 있는 부분은**

없을까?'라고 스스로에게 질문해 보는 것이 가장 중요하다. 예를 들어, 회사에 '내가 왜 참석해야 하는 거지?' '이 시간은 대체 무슨 의미가 있는 걸까?'라고 의문을 품게되는 회의가 하나쯤은 있기 마련이다. 관리자가 출석을 지시하면 아무리 불필요해 보여도 어쩔 수 없이 참석해야 하는 경우도 생긴다.

하지만 나라면 단호하게 출석을 거부할 것이다. 회의에 출석하지 않는다고 법률을 위반하는 것은 아니기 때문이다. 오히려 그 시간에 더 생산적인 일에 집중해 성과를 올리는 편이 회사는 더 이득이다.

회사의 많은 문제는 **사내 규정을 법률과 동등하게 여기며 개인의 시간을 희생하도록 만드는 데서** 비롯된다. 이는 귀중한 자원을 낭비하는 일일 뿐이다. 그러므로 의미 없는 회의는 '회사의 이익을 갉아먹는 행위'라고 당당하게 주장하자.

"그런 말을 어떻게 합니까?"

"그렇게까지 제 성과에 자신이 있진 않은데요."

이렇게 말하는 사람이 적지 않을 것이다. 그렇다면 그 외에 자신이 통제할 수 있는 부분을 찾아보길 권한다. 예를 들어 회의에서 자신보다 직급이 높은 사람에게 적극적으로 질문을 던지는 건 어떨까? 회의 자료에서 의문스러운 점이나, 리포트에서 명확하지 않은 점을 질문 리스트로 정리한 후 회의에 임해보자. **무의미한 회의에서 조금이라도 자신에게 생산적인 행동을 실천하는 것**이다.

질문을 계속하다 보면 상대가 지쳐서 "자네는 이제 그만 나와도 돼"라고 할지도 모른다. 딴죽을 걸려던 게 아니라 질문을 했을 뿐이니 주눅 들 필요가 전혀 없다. 이는 최소한 '이 시간만 참고 넘기자'라며 체념하는 것보다 훨씬 유의미하게 시간을 활용하는 방식이다.

'도저히 나로서는 어찌할 도리가 없다'라고 느껴질 때는 널리 알려진 '4사분면 매트릭스'를 사용해 자신이 할 수 있는 행동을 찾아보자. 모든 일을 다음과 같이 '제어 가능/제어 불가능' '중요·긴급·우선도 높음/중요·긴급·우선도 낮음'으로 정리하는 것이다.

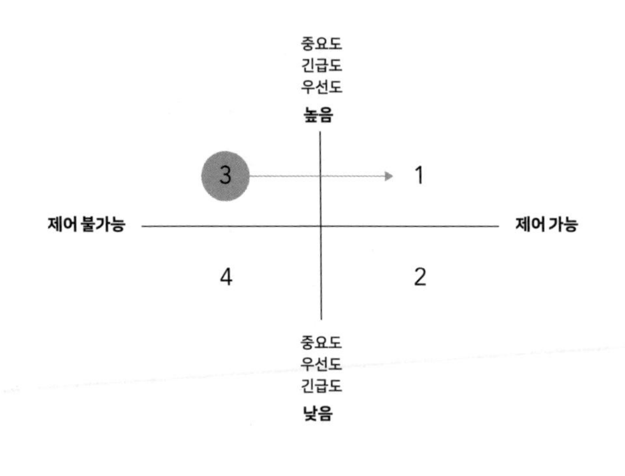

자신의 행동을 발견하는 4사분면 매트릭스

제어 가능하며 중요도나 긴급도가 높은 일(제1사분면)에 속한다면 '당장 한다'는 선택지밖에 없다. 스스로 해결할 수 있고, 서둘러 해야 하는 일이기 때문이다. 다음으로 제어가 가능하지만 중요도나 우선도가 낮은 일(제2사분면)은 '시간이 나면 해본다' 정도로 생각하자. 타인을 돕는 일 등이 여기에 해당하는데, 이는 의무는 아니기에 내킬 때 하면 된다.

핵심은 제어가 불가능하며 중요도나 우선도가 높은 일(제3사분면)이다. 이 경우, 포기하기보다는 **문제를 다시 몇 가지 부분으로 나누어 '이 중에서 내가 바꿀 수 있는 것이 있을까?'**를 고민해야 한다. 이처럼 문제를 더 세밀하게 분석하면, 설령 문제의 원인이 구조적인 결함에 있다 해도 제1사분면으로 바꿀 수 있는 부분이 보일 것이다. 제어할 수 있다면 남은 선택지는 단 하나, '바로 행동에 옮기는 것'뿐이다.

예를 들어 보고만 하는 회의를 아예 없애는 일은 불가능할지 모른다. 그러나 회의의 내용, 참석자, 시간, 장소

등의 문제를 세분화하다 보면 '이동 시간을 줄이기 위해 회의를 온라인으로 진행하면 어떨까?'라는 제안이 떠오를 수 있다. 집중해서 업무를 보고 싶은 오전 시간에 회의가 잡혀 있다면 오후 시간대로 옮기자고 제안할 수도 있다. 만약 단순 보고 회의라면 생략하자는 제안도 가능하다.

참고로, 제어가 불가능하며 중요도나 우선도가 낮은 일(제4사분면)은 내버려두어도 무방하다. 다만 시간이 지나면서 해당 사안의 중요도가 달라질 수 있으니 가끔씩 점검하면 좋다.

이 방법을 사용하면 회사의 구조적인 문제나 불합리한 규정을 어느 정도 자신에게 맞게 활용할 수 있을 것이다. 그렇게 더 많은 시간과 일의 주인이 되는 경험을 해보기를 바란다.

기회를 얻기 위한 유일한 방법

'허울뿐인 관리자'에게 휘둘리지 않으려면 단순히 '이건 이상하다'고 불평하는 데서 그치지 말고, '내게는 무리다'라며 포기하지도 말고, '내가 할 수 있는 일이 무엇인지' 스스로 생각하는 노력이 중요하다. 자신이 제어할 수 있는 부분을 찾아낸 후에는 회사에 이익이 될 만한 행동을 제안하면서 "이 업무는 제가 해도 될까요?"라고 요청해 보자.

다만 이때 공짜로는 일하지 말아야 한다. **어떠한 아이디어를 실행할 때는 반드시 '보수'를 약속받아야** 한다. 예를 들어 보너스, 유급휴가, 고객과의 식사비 등을 경비로 청구할 수도 있고 직접적인 보수 대신 업무 부담을 줄여달라고 요청할 수도 있다. 이는 회사에 이익을 주고 그에 대한 보답을 요구하는 것이므로 매우 공정한 제안이다.

회사에 뭔가를 제안하라고 하면 많은 사람이 '그만큼 나의 일만 늘어나는 게 아닌가'라고 걱정한다. 회사에서 개선할 점을 발견하더라도 이를 지적하면 "그럼 자네가 해"라는 말과 함께 업무를 떠안는 경우가 많기 때문이다. 그러니 곤란한 상황을 피하기 위해 언제부터인가 모두가 아무런 발언도 하지 않게 된다. 이는 매우 접하기 쉬운, 교착상태에 빠진 조직의 패턴이다.

하지만 나는 **어째서 늘어난 업무량에 대한 '보상'을 요구하지 않냐고** 질문하고 싶다. 보상을 요구하는 것은 직원의 권리로, 보상이 없다면 착취당하는 셈이다.

이에 대해서도 "그런 말을 어떻게 합니까"라고 반응하는 사람에게는 이렇게 이야기하고 싶다. **보상을 요구하지 않는 것도 결국 당신이 내린 선택**이다. 일을 찾지 않고 보상을 요구하지 않으면서 커리어가 정체되거나 급여가 짜다고 불평하는 사람에게는 결코 기회가 돌아오지 않는다.

업무에서 중요한 기회는 교섭한 사람에게만 돌아오는 법이다.

참고로 일본에는 수행한 업무에 대해 보상이 꼼꼼하게 돌아오도록 사업화한 서비스가 있다. 유니포스Unipos 주식회사의 '피어보너스Peerbonus'인데, 이 시스템을 통해 직원들은 서로의 '좋은 행동'을 칭찬하는 메시지와 함께 소액의 인센티브를 보낼 수 있다. 말하자면 서로에게 팁을 주는 것이다. '도와줘서 고마워!'라고 감사하는 마음과 함께 100엔에서 500엔 정도를 보낸다. 일을 도와준 보답으로 술을 사는 문화가 사라지고 있는 지금, 캔 커피 한 잔을 사며 감사의 마음을 전하듯 동전 하나로 답례를 할 수 있다니 좋은 아이디어이지 않은가?

혹자는 감사의 마음을 굳이 돈으로 표현해야 하냐고 할 수도 있겠으나, 나는 귀중한 시간을 내어준 행동이 보상으로 돌아오지 않는 것보단 훨씬 좋다고 생각한다. 실제로 타인에게 가볍게 인센티브를 건넬 수 있는 구조가 마련되면, 평소에는 좀처럼 감사와 칭찬의 말을 건네기 어려워하던 사람도 '인센티브를 건네는 구조가 있는데도 사용하지 않다니 아깝다'라는 심리가 생긴다고 한다. 또한 누가 누구에게 어떤 메시지를 보냈는지를 공개하기 때문에, 누군가의 공헌이 더 많은 사람에게 가시화되며 공헌자를 칭찬하는 문화를 정착시키는 데에도 도움이 된다. 이는 궁극적으로 조직의 '심리적 안전성' 향상으로까지 이어질 수 있다.

[히타치]

바꾸고 결합하고 새롭게 하라

마지막으로 마침내 일본의 거대 기업 그룹에서도 조직 관리를 대하는 자세가 변하고 있음을 보여주는 사례를 소개하고자 한다. 바로 주식회사 히타치 제작소의 이야기다.

나는 히타치의 에반젤리스트로서 활동하고 있는데, 외부 강연 등에서는 히타치를 '발전소부터 코털 가위까지 갖춘 회사'라고 소개하곤 한다. 이는 제조와 개발부터 컨설팅에 이르기까지 전방위적으로 사업을 전개하는 히타치의 비즈니스 규모를 직관적으로 표현한 문구다.

이처럼 히타치는 압도적인 규모와 역량을 자랑하는

기업임에도 끊임없이 변화하는 조직이다. 나는 히타치의 경영진과 이야기를 나눌 때마다 그들의 유연한 자세에 놀랐다. 모두가 "우리는 변해야만 한다" "조금 더 노력해야 한다"라는 말을 입에 달고 있었기 때문이다.

나는 특히 한번 좋다고 판단한 방침이 있다면 주저하지 않고 외부에 발표하는 그들의 태도에 깊은 인상을 받았다. 보통의 대기업이라면 어떤 사안이든 관계 부서에 미치는 영향을 최소화하기 위해 사내 조정을 거친 후 발표하는 것이 일반적이다. 규모가 클수록 조정 과정이 더 복잡해지기 마련이지만, 히타치는 그 틀을 과감히 깼다. 직무형 고용제든 주 3일제든, 일단 필요해 보이면 내부 조정에 시간을 쏟지 않고 신속하게 바깥에 공개함으로써 변화를 막을 핑곗거리를 없앴다. 이는 지속적인 변화를 장려하는 히타치의 기업 문화를 잘 보여준다.

고인이 된 나카니시 히로아키中西宏明 명예회장은 2019년 일본경제단체연합회 회장이던 시절, "종신고용은 제도적 피로를 초래해 한계에 이르렀으며, 고용 유지를 위해 불필요한 사업을 남기는 것은 바람직하지 않다"라는 발언을 한 적이 있다. 자칫 직원들을 동요시켜 현장을 혼란스럽게 만들 수도 있는 발언이었다. 그러나 나는 그 발언에서 그의 진정성을 느낄 수 있었다.

당시 히타치의 경영진은 기업 문화를 바꾸려는 확고한 의지를 가지고 있었으며, 그 의지가 천천히 그룹 전체에 스며들고 있었다. 그런 와중에 나카니시 명예회장이 전한 메시지는 명확했다. 시대에 뒤처지지 않기 위해서는 개인 스스로가 변화해야 한다는 것이다. 이 철학은 이제 히타치 전반에 걸쳐 확고히 자리 잡고 있다.

히타치의 혁신성을 보여주는 또 다른 사례로는 내가 에반젤리스트를 맡고 있는 'Lumada(루마다)'가 있다. 히타치의 핵심적인 미래 성장 전략인 Lumada는 Illuminate(비추다, 밝게 하다)와 Data(데이터)를 조합한 조어로, DX(디지털 트랜스포메이션)를 통해 고객 및 파트너와 협력하며 다양한 분야에서 사회의 혁신을 촉진하겠다는 비전이 담겨 있다. 특히 탈탄소와 순환형 '녹색 사회'를 목표로 삼아 지속

가능한 사회에 기여하고자 한다.

즉 Lumada는 단일 제품이나 서비스가 아니라, 히타치 전체의 잠재력을 구체화하는 사업이다. 이를 중심으로 그린과 디지털, 이노베이션을 아우르는 다양한 프로젝트가 추진되고 있으니 회사의 역량을 총결집하는 전략적 가치라고도 할 수 있다.

Lumada 같은 사업이 탄생한 배경에는 히타치가 여러 분야에서 쌓아온 방대한 경험과 인프라가 있다. 히타치는 냉장고나 세탁기 같은 백색 가전, B2B 비즈니스, 석유플랜트, 발전소 등 다양한 산업에 걸쳐 설계·개발·제조·판매는 물론 도입 후의 컨설팅까지 포괄하는 역량을 보유하고 있다. 이 과정에서 축적된 1차 정보와 노하우는 히타치의 가장 큰 자산이다.

그러나 이처럼 광범위한 사업 포트폴리오가 자칫 사일로silo화(각 부문이 종적으로 조직화되거나 고립되어 외부와의 정보 공유가 원활하지 않은 상태)될 위험도 존재한다. 예를 들어, 백색 가전 부서의 직원이 석유플랜트 사업의 세부사항을 모두 이해하기는 쉽지 않다. 그래서 히타치는 Lumada를 부문의 경계를 초월해 인적·물적·지적 자원을 결합하기 위한 깃발로 삼고자 한다.

이노베이션(혁신)이란 '새로운 결합'을 의미한다. Lumada는 그룹 내 다양한 데이터에 빛을 비추어, 독립적으로 존재하던 인적·물적·지적 자원을 새롭게 연결하는 역할을 하고자 한다. 다시 말해 Lumada는 37만 명의 직원을 보유한 히타치의 핵심 성장 전략이며, 고객과 회사에 새로운 가치를 창출하려는 강한 의지이기도 하다. 나는 회사 안팎에서 Lumada를 소개할 때 이렇게 말한다.

"Lumada는 히타치의 영혼이다."

무엇이 개인과 조직을 빛나게 하는가

앞서 언급했듯이, 히타치처럼 독립된 여러 사업이 하나의 구조로 모여 있을 때 사일로화가 일어날 가능성이 있다. 그러나 조직이 종적으로 세분화되는 것 자체는 큰 문제가 아니다. 진짜 문제는 **종적으로 세분화된 조직이 서로 충돌하거나 적시하는 상황**이다.

예를 들어보자. 몇 년 전 마이크로소프트사의 한 임원이 철저히 이익만을 추구하는 경영 체제를 도입했을 때, 각 부서는 성과를 내기 위해 경쟁에 몰두했다. 심지어 3년 연속 예상 판매량을 달성하지 못한 직원은 해고하겠다는 지침까지 내려졌다. 이 방식은 겉보기엔 합리적으로 보일 수 있지만, 자세히 들여다보니 복잡한 문제를 내포하고 있었다. 어떤 기술은 개발에만 3년 이상의 시간이 걸릴뿐더러, 뛰어난 기술을 개발했더라도 영업은 다른 부서의 책임이기 때문이다.

누가 어떻게 책임질 것인지에 대한 명확한 기준이 없을 때 혼란이 찾아온다. 경쟁의 효과로 초기에는 매출이 일시적으로 증가했지만, 시간이 지날수록 부서 간 알력 다툼과 대립이 격화되면서 혁신이 멈추고 말았다. 우수 인재들이 대거 회사를 이탈했고 주가도 큰 폭으로 하락했다. 부서 간 갈등은 중장기적으로 기업 가치를 떨어뜨린다는 교훈을 남긴 사례였다.

하지만 이후 지금의 CEO인 사티아 나델라Satya Nadella가 경영을 이어받으면서 마이크로소프트는 순조롭게 성과를 높여갔다. 그 이유로는 나델라가 취임 당시 "지구상의 모든 개인과 조직이 더욱 많은 것을 달성할 수 있게끔 하겠다"라는 목표를 내세웠다는 점을 꼽고 싶다. 그가 말한 '모든 개인과 조직'에는 고객뿐 아니라 사원도 포함되어 있었다.

또한 그는 "우리의 산업은 전통이 아니라 혁신을 존중한다"라며 모두가 협력해 더 많은 것을 이루자고 선언했다. 다소 이상적이거나 과장된 구호처럼 들릴 수 있지만 본질적으로는 회사의 이익과 직결된 과감한 전략이었다.

나델라가 이 선언을 철저히 실천에 옮기자 마이크로소프트의 매출은 고공 행진 끝에 역대 최고치를 기록했고, 주가는 전임 경영자 시절의 최저치보다 약 5배 상승했다. 혁신을 중시한 나델라의 리더십이 조직의 장기적 성장을 위한 결정적인 요인이었다.

역시나 핵심은 **경영층의 비전과 일반 사원들의 혁신적인 아이디어**에 있다. 디지털은 인류의 인프라로 자리 잡았으며, VUCA 시대의 '정답이 없는 문제'에 대응하기 위해서는 현실과 가상현실을 연결하는 시점이 필요하다. **경영층은 일반 사원들에게서 혁신의 씨앗이 움트려 할 때 이를 촉진할 수 있는 기반을 마련**해야 한다.

지난 2020년 히타치는 스위스의 중전기重電機 제조업

체인 ABB 그룹의 송배전 사업을 약 7400억 엔에 매수했다. 이 과정에서 ANN의 담당자와 이야기했었는데, 그는 "우리는 Lumada가 있기 때문에 히타치와 함께한다"라고 말했다. 말하자면 Lumada라는 비전이 존재하기에 ABB의 다양한 솔루션이 히타치의 인적·물적·지적 자원과 결합해 혁신을 일으킬 수 있었던 것이다. 이는 경영층의 비전이 실제 혁신으로 이어진 사례라 할 수 있다.

이처럼 일본에서조차 기업이 변화하고 있다. 개인 또한 점점 더 각자의 스페셜리티speciality, 즉 자신의 전문적 지식이나 기술로 평가받을 것이며 고용 형태는 필연적으로 직무형 고용으로 변화해 갈 것이다.

개인 차원에서도 스페셜리티를 살릴 때 더욱 즐겁게 일할 수 있다. 이제는 **'재미있는가/재미없는가'라는 기준으로 일을 선택하는 시대**가 도래했다고 볼 수 있다. 직장인들은 점점 더 생계를 위한 수단으로 일하지 않고, 자신의 전문성과 흥미를 살려 일을 하는 방향으로 나아갈 것이다.

나는 업무상 직장인을 많이 만난다. 그런데 독특한 기

술이나 재미있는 아이디어를 갖고 있음에도 불구하고 스스로에게 제한을 두는 사람이 매우 많다. "별것 아니에요" "저 같은 게 무슨…"이라며 자신의 스페셜리티를 부정하고 공개하지 않는 것이다.

하지만 이제는 다음 사실을 깨달아야 한다. **자신의 스페셜리티를 살리며 일할 때 비로소 자신과 주변 사람, 나아가 고객까지 함께 행복해질 수 있다. 그리고 일찍이 그 사실을 깨달은 사람들이 사회 곳곳에서 활약하며 변화를 선도하고 있다.**

이런 변화는 지난 수십 년간 일본 기업에 쏟아진 부정적인 평가에도 불구하고 새로운 희망을 갖게 한다. 일본 기업도 진심을 다하면, 혹은 개인의 진심을 살릴 수 있는 환경만 마련한다면 얼마든지 변화가 가능하다는 희망 말이다.

누차 강조했듯
비즈니스를 하는 사람에게는
모든 주어를 '고객'으로 바꾸어 생각하는
습관이 필요하다.
'고객이 가장 원하는 것은 무엇인가?'를
끊임없이 고민하고 그것을 구체화해
빠르게 현장에 반영하는 것이
가장 단시간에 성공하는 길이다.

META

PERCEPTION

CREATIVITY

CONNECTIVITY

INSIGHT

MLTA

SUSTAINABILITY

IDEATION

THINKING

FACILITATOR

6장

네트워크의 공식

시야를 확장하는 연결의 법칙

THINKING

스스로에 대한 부정적인 평가를 극복할 수 있을까

이번 장에서는 많은 사람의 고민거리인 인간관계 문제를 고민해 보겠다.

직장 내 인간관계에 대해 이야기하기 전에 먼저 그보다 더 가까운 사람들과의 관계부터 살펴보자. 아이의 성장과정을 돌아보면 처음에는 부모와의 관계가 있고, 뒤이어 교사나 학우와의 관계가 나온다. 이런 초기의 인간관계는 개인에게 매우 큰 영향력을 미친다.

나는 어릴 적 부모님에게서 '말이 많고 시끄러운 아이'로 평가받곤 했다. 세 형제 중 막내였지만 나이 터울 때문에 형들보다 어머니에게 주로 말을 붙였기 때문이다. 그런 내게 어머니는 자주 "알았다, 알았어, 시끄럽기는"이라고 말씀하셨는데, 이 때문에 스스로를 '시끄러운 아이'라고 생각했다. 그리고 어머니의 짜증스러운 얼굴을 보며 내가 잘못된 거라고 평가했다.

하지만 지금 나는 그때 문제라고 생각했던 '이야기하는 힘'을 활용해 일하고 있다. 스스로에 대한 평가를 달리하게 된 것이다. 만약 나 자신을 계속 나쁘게 평가했다면 지금처럼 능력을 꽃피우지 못했을지도 모른다.

모든 일은 이처럼 평가하기 나름인데, **타인의 부정적인 평가는 개인의 가능성을 좁히거나 성장을 막아버릴 위험이 있다.** 특히 유년기에 가까운 사람에게서 받은 부정적인 반응이나 평가는 이후의 인생에 큰 영향을 끼칠 수 있다.

내 경우는 1995년부터 인터넷이 보급된 것이 변화의 계기가 되었다. 문과 출신 엔지니어로서 자칫 경쟁력이 부족할 수 있었는데, 모두가 인터넷을 사용해야 하는 시대가 도래하면서 '초보자에게 인터넷 기술을 쉽게 안내하는' 역할을 맡게 된 것이다.

여기에서 내가 전하고 싶은 말은 이것이다. 세상에는 가정환경이나 시대의 흐름처럼 개인의 힘으로 어찌할 수 없는 요인이 분명 존재한다. 하지만 그럼에도 **자신의 위치나 처우를 바꾸는 일은 가능하다.** 이는 매우 중요한 사실이다.

나의 경우, 변화하는 환경에 딱 맞도록 특별한 노력을 했다기보다는 내 안테나에 걸린 직감을 무시하지 않고 행동으로 옮겨왔다. 구체적으로 말하면 **'인터넷 중심의 세상이 곧 도래할 것'임을 직감했을 때 곧바로 '컴퓨터를 산다'는 행동에 나섰다.**

당시에는 컴퓨터를 가진 사람이 거의 없었고, 컴퓨터로 할 수 있는 작업 역시 매우 제한적이었다. 컴퓨터는 주로 회사 업무 용도로만 사용했기 때문에 대다수는 나를 '집에 와서까지 컴퓨터를 사용하는 별종'쯤으로 평가했다.

하지만 매사는 해석하기 나름, 받아들이기 나름 아닌가. 이때 주변의 부정적인 평가를 진지하게 받아들였다면 나는 자신감을 잃어버리고 컴퓨터와 멀어졌을지도 모른다. 하지만 좋은 관리자를 만나 소년기의 부정적인 평가를 서서히 극복해 가던 나는 나의 직감을 믿었다. 물론 집에서 컴퓨터로 하던 일이라고는 인터넷 서핑이나 단순한 게임 정도였지만 스스로 시작한 것이기에 무척 즐거웠다. 그러면서 종종 '이 기술을 알아두면 큰 차이를 만들 수 있겠다'는 생각도 했다.

물론 지금처럼 전 세계의 사람이 모두 컴퓨터를 사용하게 될 거라고 확신하지는 못했다. 다만 주변에서 "인터넷이 뭐야?" 또는 "컴퓨터를 사는 것이 좋을까?"라는 질문을 던지는 사람들이 하나둘 늘었기에 내 판단이 맞으리라는 믿음이 조금씩 커졌다. 그리고 어느 순간 나는 엔지니어로서는 부족하더라도 초보자보다는 '기술에 해박한 사람'이 되어 있었다. 즉, 나는 변하지 않았지만 시대가 변함에 따라 나의 입장도 변화한 셈이다.

내가 컴퓨터 공학을 전공하거나 처음부터 기술에 매우 해박한 사람이었다면 초보자들에게 쉬운 설명을 제공하기가 더 어려웠을 것이다. 하지만 나도 전문가는 아니었기 때문에 오히려 만족스러운 상담을 제공할 수 있었고, 그 과정에서 컴퓨터를 활용해 살아갈 수 있겠다는 생각까지 할 수 있었다. 직감에 따라 컴퓨터를 산 일이 결국 커다란 차이로 이어지면서 유년기의 부정적인 믿음을 불식시킬 수 있었던 셈이다. 그러니 만약 지금 당신이 스스로에 대한 부정적인 평가로 고민하고 있다면 고민에만 그치지 말고 변화를 위한 작은 행동이라도 해보기를 권한다. 시작은 미약하겠지만 어떤 변화로 이어질지는 알 수 없다.

다양한 커뮤니티를 왕래하라

내가 컴퓨터를 만지기 시작한 이유는 순수한 즐거움 때문이었다. 다만 회사 밖에서 만난 지인들 중에도 컴퓨터를 쓰기 시작한 사람들이 종종 있었다. 이제 와 생각해보면 그렇게 알게 된 '외부의 잣대'가 인터넷 시대의 도래와 함께 메타인지로 이어지는 계기로 작용한 듯하다.

여기서 강조하고 싶은 점은 **여러 커뮤니티에서 다양한 사람들을 만나는 일의 중요성**이다. 혼자서 생각하는 일은 당연히 중요하다. 그래도 더 나아가 여러 사람의 이야기를 통해서 **'내가 할 수 있는 일과 할 수 없는 일' '특기인 것과 특기가 아닌 것' '좋아하는 것과 좋아하지 않는 것'을 파악할 수도 있**

어야 한다. 그와 같이 보다 폭넓은 시선을 확보한다면 스스로를 메타인지하기도 한결 쉬워진다.

지금 나에게는 분야별로 신뢰할 만한 상담 상대가 있다. 재무 관련 업무는 세무사에게 맡기고, 법무 문제는 가벼운 상담이 가능한 변호사 친구에게 의뢰한다. 또 스케줄 관리에 미숙하기 때문에 모든 일정 관리는 '캐스터 비즈Caster biz'라는 온라인 비서가 담당한다. 오직 '내가 잘할 수 있는 일' '내가 하고 싶은 일'에만 집중하고 싶기 때문에 그 외의 일은 신뢰할 만한 다른 사람에게 맡겨둔 것이다.

이처럼 다양한 분야의 상담 상대를 둘 수 있는 이유는 내가 무엇을 잘하고 잘 못하는지 알고 있기 때문이다. 요컨대 **스스로를 잘 알고 있으면 상담의 상대가 명확해진다.**

반면 메타인지가 되지 않은 채 그저 '모른다'는 이유에서 무턱대고 타인에게 상담을 한다면 오히려 역효과가 날 수 있다. 그 분야의 전문가가 아닌 사람에게 상담을 했다가 오히려 문제가 생기거나, 나를 잘 몰라서 혹은 잘 알지만 잘못 내린 부정적인 평가에 끌려 다닐 가능성도 있다.

따라서 자기 자신을 이해하려는 노력은 물론이고, 세상에는 다양한 시점이 존재한다는 사실을 인식하고 기존의 인간관계 밖으로 나와 다양한 사람과 관계를 형성하려는 자세가 중요하다. 과거의 나는 모든 일을 혼자 해결하려는 완벽주의 성향의 사람이었다. 하지만 어느 시점부터 '나 혼자만의 시각으로 모든 일을 해낼 수는 없음'을 인식하게 되었다. 그렇게 나 자신을 메타인지할 수 있었기에 각 분야의 전문가에게 적극적으로 상담을 요청하게 되었다.

그러니 여러 커뮤니티에서 새로운 인간관계를 형성하고 시야를 넓혀가라. 그러면 어느 순간 메타인지력이 높아질 것이다.

일이 잘 풀리는 이유

다양한 커뮤니티에서 교류하는 사람은 스스로 깨닫지 못했던 사실을 지적받거나 새로운 내용을 배울 수 있다. 이처럼 **열린 인간관계에서 얻은 정보나 깨달음은 개인의 성장을 위한 중요한 자원**이 된다.

반대로 자신이 다른 사람을 가르칠 때도 비슷한 원리를 적용할 수 있다. 자신이 가진 정보나 식견 등을 상대방에게 적극적으로 'GIVE'하면 상대는 성장할 기회를 얻는다. 그리고 상대 역시 당신에게 'GIVE'를 되돌려주면서 결국 두 사람은 함께 성장할 기회를 얻는다. 이는 조직심리학자인 애덤 그랜트Adam Grant가 자신의 책 『기브 앤 테이크』에서 주장한 내용이다. 그는 이 책에서 인간은 크게 '기버giver(남에게 아낌없이 주는 사람)' '테이커taker(자신의 이익을 우선시하는 사람)' '매처matcher(이해득실의 균형을 생각하는 사람)'라는 세 가지 타입이 있으며, 그중 가장 성공하는 부류는 '기버'라고 주장했다.

앞으로 도래할 웹 3.0의 시대는 '개인의 시대'라고 이야기했다. 전제군주 같은 한 사람이 명령을 내리고 많은 사람이 그에 따르는 중앙집권형 의사결정 구조는 이제 수많은 개인의 능동적인 판단으로 움직이는 커뮤니티형으로 변화할 것이다. **개인이 고유한 특기와 강점을 살려 스스로 생각하고 행동하게 된다는** 뜻이다. 그러면 자칫 커뮤니티가 원활히 운영되지 않을 위험이 있다.

이는 경영 컨설턴트인 엘리 골드렛Eliyahu Goldratt이 자신의 저서 『THE GOAL 더 골』에서 지적한 '전체 최적화 이론'과 일맥상통한다. 예컨대 공장의 생산 공정을 전체적으로 최적화한다고 해보자. 다양한 요소 중 **보틀넥이 되는 부분만을 찾아내 조정하는 것만으로도 최적화가 가능해진다.**

그러나 커뮤니티에서는 너무나 많은 사람이 다양한 방식으로 보틀넥이 될 수 있다. 그런데 만약 다른 이들이 보틀넥이 된 사람에게 공감하지 않거나 배려하지 못한다면 커뮤니티 전체가 지나치게 삭막해질 것이다.

비유하자면 학교에서 떠나는 수학여행과 친구들과 떠나는 캠핑의 차이이다. 중앙집권형에 해당하는 수학여행은 학교라는 결정권자가 정한 사안에 따라 여정이 진행된다. 인솔 교사의 지시를 따르지 않는 학생만 잘 통제하면 큰 혼란 없이 여행을 마칠 수 있다.

반면 친구들끼리 떠나는 캠핑에서는 모두가 대등한 입장에서 역할을 분담하게 된다. 불을 잘 다루는 사람이 불을 지피고, 힘이 좋은 사람이 짐을 나른다. 그렇다면 캠핑 초보인 데다 요리도 서툰 사람은 어떡할까? 아마 보틀넥이 된 현실이 스스로도 괴로울 것이다. 이때 선의를 가진 사람이라면 "이것 좀 도와줄래?"라고 말을 걸어 자연스럽게 그를 작업에 참여시킬 것이다.

이처럼 **커뮤니티에서는 한 사람 한 사람이 '기버'의 정신을**

발휘해야만 한다. 보틀넥이었던 사람은 그와 같은 기버에게 감사하는 마음을 갖고, 또 다른 형태로 커뮤니티에 공헌하고자 노력할 것이다. 그렇게 각자의 역할을 수행하면서 서로 돕고 보완하는 커뮤니티만이 원활하게 굴러갈 수 있다. 자신이 가진 것을 기꺼이 제공하는 기버들의 세상에서 일과 인간관계는 물처럼 흘러가게 된다.

타인의 부족한 점을 지적하기만 하는 어리석음

'란돌트 고리'를 아는가? 시력검사에서 자주 사용되는 이 고리는 동서남북 중 한쪽이 끊겨 C 모양을 하고 있다. 고리를 보면 누구나 쉽게 어느 쪽이 비어 있는지 알아차려 "오른쪽이 비어 있다"라고 설명할 수 있다.

그런데 만약 누군가가 "고리 부분을 더 자세히 설명해주세요"라고 요청한다면 어떨까? 대답이 생각보다 쉽지 않을 것이다. 선의 굵기, 지름, 색의 명도 등 다양한 요소를 충분히 이해하고 있어야만 제대로 설명할 수 있기 때문이다.

란돌트 고리의 뚫린 위치를 알아차리기는 쉬운 것처

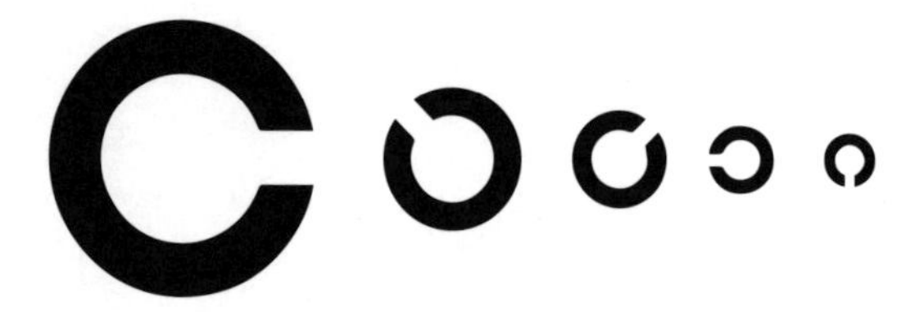

란돌트 고리

럼, **남의 결점은 알아차리기 쉽다.** 그래서 타인의 결함만을 들추며 으스대는 사람은 누구나 할 수 있는 일을 과장해 떠들고 있을 뿐이다. 그런데도 그런 사람들은 마치 자신이 대단한 성과라도 낸 듯 의기양양한 표정을 짓는다. 나는 이런 태도가 무척 거북하다.

회사에서 팀원 한 명이 예상 밖의 실수를 저질렀다고 해보자. 무능한 관리자는 보이는 실수만을 지적하는 반면, 유능한 관리자는 왜 그런 실수가 일어났는지를 파악한 뒤 상황을 유연하게 처리하고 극복한다. 더 나아가 **예상하지 못한 사건이 일어날 가능성까지 상정할 수 있다면 진정한 프로라고 평할 수 있다.**

또한 타인이 실수를 하거나 곤란한 상황에 처했을 때 공감하는 자세가 필요하다. 겉으로 드러나진 않았지만 실수를 저지르게 된 다른 상황이나 이유는 없었는지 살펴야 한다. 만약 상대의 실수를 지적하는 상황이라면 "그건 안 되니까 고쳐봐" 같은 말로 이야기를 시작하는 것만은 피하자. 부정적인 말로 대화를 시작해 봐야 상대가 받아들이는 게 어려워질 뿐이다.

대신 '예스 벗 화법Yes, but' 화법을 사용하는 것이 좋다. "그 방법 좋다. 이렇게 하면 더 좋을지도 몰라" "이 부분은 이렇게 하면 더 좋아질 거야"와 같이 상대의 의견을 먼저 긍정하며 **'GIVE'를 시도해 보자.** 이렇게 하면 상대도 이어지는 조언이나 지적을 훨씬 부드럽게 받아들일 수 있을 것이다.

누군가의 부족한 점을 단순히 지적하는 것은 누구나 할 수 있는 일이다. 앞으로의 직장인은 한층 발전된 소통 방식으로 새로운 인간관계를 형성하고, 그 관계 속에서 자신과 상대방 모두의 성장을 이끌어내야 한다.

칭찬이라는 생존 전략

여러분이 직장이나 커뮤니티에서 좋은 인간관계를 만들기 위해 쉽게 실천할 수 있는 방법이 있다.

바로 타인을 칭찬하는 것이다.

칭찬과 관련해 난감한 경험을 한 적이 있다. 복잡한 이야기를 단순하게 정리하는 법을 강조한 베스트셀러 『1분 전달력』과 연계해 전국에서 '1분 만에 말하라!'라는 행사가 열렸을 때다. 다양한 배경을 가진 참가자들이 자신의 '양보할 수 없는 감정'을 1분 동안 발표하면, 코멘테이터

commentator(해설자)가 그에 대해 1분 동안 응답하는 것이 규칙이었다.

나는 열 곳 정도의 행사에 코멘테이터로 참가했는데, 이때 내게 주어진 규칙은 '참가자를 무조건 칭찬하기'였다. 나는 심사위원이 아니었기 때문에 참가자가 발표를 마치면 곧바로 1분 동안 칭찬을 해야 했다. 이는 생각보다 더 머리를 많이 써야 하는 일이었다.

왜냐하면 참가자 대부분은 발표 경험이 거의 없었고, 심지어 1분 동안 한마디조차 제대로 하지 못한 경우가 많았기 때문이다. 허점투성이인 발표에서 단점을 지적하지 않고 칭찬할 거리를 찾아내기란 마치 모래사장에서 바늘을 찾는 일처럼 느껴졌다.

이때의 경험을 통해 **누군가를 순간적으로 칭찬하는 것이 대단한 훈련을 요하는 어려운 일**임을 새삼 깨달았다. 그리고 나는 누군가를 칭찬하기 위한 유용한 훈련법을 찾아냈다. 그것은 **상대의 말에 바로 "좋네요!"라고 대답하는** 것이다.

여기에서 상대방이 하는 말은 크게 중요하지 않다. 일

단 첫마디로 "아, 그거 좋네요!" "그거 멋지네요!"라고 긍정적인 말을 건네면 신기하게도 우리의 머리가 그 말에 이어질 '칭찬 포인트'를 빠르게 찾기 시작한다. 자신이 내뱉은 긍정적인 말을 곧바로 부정하면 안 된다는 생각 때문에 순간적으로 상대방의 좋은 점을 찾아내는 것이다. 만약 상대방의 이야기에서 좋은 점을 찾지 못했다면 "목소리가 좋네요!" "멋진 미소예요!" "옷이 근사하네요!" 등 외형적 요소라도 칭찬하면 된다. 평소 칭찬에 인색한 사람이라면 분명 시도해 볼 만한 훈련이다.

이처럼 타인을 칭찬하는 일이 자연스러워지면 어느새 주변 사람들에게 **당신은 '자신의 좋은 점을 발견해 칭찬해주는 사람'으로 인식되어 있을 것**이다. **사람은 당연하게도 그런 긍정적인 사람과 좋은 인간관계를 쌓고 싶어 한다.** 그러니 당신의 주변에는 이미 많은 사람이 모여들었을 것이다.

거듭 말하지만 남의 부족한 부분을 지적하는 일은 누구나 할 수 있다. 하지만 타인을 칭찬하고 친절을 베풀며 공감하는 일은 그보다 훨씬 복잡하다. 그렇기 때문에 이 능력을 갖춘 사람은 남과 차별화될 수 있으며, 더 윤택한 인간관계를 형성할 수 있다. **타인을 칭찬하기란 사실 난이도가 높은 일이기에 강력한 생존 전략이 될 수 있는 것**이다.

분노 관리법

타인을 칭찬하는 일이야말로 인간관계를 윤택하게 만드는 전략이라고 이야기했다. 하지만 누구나 때로는 도무지 자신의 생각과 맞지 않거나, 마음에 들지 않는 사람을 만나게 된다. 만약 그 사람이 매일 얼굴을 마주해야 하는 상사나 동료라면 조금 더 고도화된 관계의 기술이 필요하다. 그중에서도 특히 '분노'의 감정을 잘 다룰 수 있어야 하는데, 이때 필요한 것이 다름 아닌 메타인지다. 스스로에게 다음과 같이 질문해 보라.

'지금 다른 사람들 눈에 내가 화내는 모습이 어떻게 보일까?'

'또 다른 내가 나를 지켜보고 있다면 지금의 내게 긍지를 느

낄까?'

격렬한 분노에 휩싸일 때 스스로에게 이런 질문을 던지면 감정을 다스리는 데 도움이 된다. 이 과정을 구체화한 이론이 바로 '분노 관리 이론'이다.

분노 관리 이론은 단순히 '화를 내지 않기 위한' 기술이 아니다. 이 이론의 궁극적인 목적은 **'후회하지 않기'**이다. 여기서 말하는 후회에는 '그때 화를 냈어야 했는데!'라는 후회도 포함된다. 결국 분노 관리는 감정을 억누르는 기술이 아니라 **'능숙하게 화를 내는' 기술**이다.

어떻게 능숙하게 화를 낼 수 있을까?

우선은 '팩트'에 근거해야 한다. 사실에 대한 합의 없이 감정을 터뜨리면 상대는 "그건 네 생각일 뿐이잖아?"라고 반박할 수 있다. 당신이 왜 화가 났는지 팩트를 명확히 이해시켜야 당신의 마음을 전할 수 있다. 이것이 분노 관리의 시작이다.

간혹 분노를 표출하는 게 맞을지, 자신이 지나치게 감정적으로 대응하고 있는 건 아닌지 판단이 어려울 수 있다. 그럴 때는 감정을 짧게 표명해 두고 시간을 버는 방법을 사용하면 좋다.

"오해를 산 것 같아 충격을 받았습니다."

"지적을 받아서 조금 당황했습니다."

이렇게 짧은 한마디만 남기면, 감정적으로 대응할 위험을 줄이고 생각할 시간을 확보할 수 있다. 필요하다면 "지금은 감정이 동요한 상태니 나중에 설명하겠습니다"라거 하거나, 더 강한 인상을 남기고 싶다면 "죄송합니다. 저로서는 납득이 가지 않네요" 정도의 말을 남기고 자리를 뜨는 편이 낫다. 핵심은 감정을 전달하되 과도하게 쏟아내지 않는 것이다.

하고 싶은 말을 꾹 참은 채 그냥 넘어가면, 나중에 그 이야기를 다시 꺼내기가 힘들다. 그 경우 상대방은 자신의 지적이 정당했다고 믿고서 사건을 잊어버린다. 하지만 불쾌한 감정을 짧게라도 표현해 두면 상대방 역시 "내가 실수했나?"라고 생각할 여지를 갖게 된다. 시간을 두고 차분히 생각해 본 후에 자신에게 잘못이 있었다고 느껴지면, "조금 동요했지만 이제는 이해했습니다"라고 사과할 수도 있다.

이처럼 '능숙하게 화내기'의 기본은 **'지금의 자신에게 여유가 있는지 없는지를 객관적으로 인식하는 것'**이다. 나의 친구이기도 한 일본 분노관리협회의 이사 도다 구미戸田久実는 **"분노 관리는 자연스럽게 발생하는 분노라는 감정을 능숙하게 다루는 것"**이라고 이야기했다. 같은 협회의 대표이사인 안도 슌스케安藤俊介 씨 또한 자신의 저서 『분노 관리를 시작하자アンガーマネジメントを始めよう』에서 분노 관리란 **"화낼 필요가 있는 일에는 능숙하게 화를 내고, 화낼 필요가 없는 일에는 화내지 않고 끝내는 것"**이라고 조언한다.

그러니 인간관계로 인해 고민하고 있는 사람이라면 다음을 기억하자. 분노를 무작정 억누르기만 해서는 인간관계의 스트레스를 줄일 수 없다. 오히려 분노를 현명하게 표출할 줄 아는 사람만이 일터와 일상에서 보다 건강한 관계를 유지할 수 있다.

인간관계를 망치는 생각

현명하게 분노를 관리하는 데 큰 도움이 되는 생각이 있다. 바로 '나와 당신은 다르다'는 인식이다.

이해를 위해 한 가지 예시를 들어보겠다. 일본에 여행을 온 모하메드 씨는 라멘 가게에서 식사를 한 후 뒤늦게 지갑을 숙소에 두고 왔음을 깨달았다. 일본어를 할 줄 모르는 모하메드 씨는 가게 주인에게 상황을 설명하려 했지만 주인은 그를 경찰에 신고했다. 경찰관 역시 모하메드 씨의 상황을 제대로 듣지 않은 채 그를 경찰서로 연행했다. 그 모습을 지켜보던 옆자리 손님은 스마트폰으로 영상을 찍어 SNS에 유포했고, 이 때문에 모하메드 씨는 국외로 추방당했다.

이제 이야기 속 네 사람을 '용서할 수 없는 순서'에 따라 나열해 보자.

- 모하메드 씨
- 라멘 가게 주인
- 경찰관
- 옆 손님

당신의 대답은 다른 사람의 대답과 완전히 다를 수 있다. 이처럼 같은 상황을 저마다 다르게 해석하는 이유는 각자가 중요하게 여기는 당위가 다르기 때문이다. 누군가는 지갑을 두고 온 모하메드 씨의 책임을 강조하고, 또 다른 이는 주인의 섣부른 신고가 문제라고 여길 수 있다. 사실 확인을 제대로 하지 않은 경찰의 잘못이라고 생각하는 사람이 있으면, 문제를 키운 손님이 문제라고 보는 사람도 있을 수 있다.

이처럼 '~해야 한다' 혹은 '~해서는 안 된다'라는 당위의 기준은 사람마다 다르다. 각자가 가진 당위는 개인화된 규범으로, 모두에게 동일하게 적용되지 않는다. 이 사실을 깨닫지 못하면 타인의 당위가 자신의 것과 같다고 착각하게 된다. 그로 인해 단순한 의견 차이가 옳고 그름을 따지는 '정의'의 문제로 비화되고, 결국 '당신이 잘못했다' '아니, 네가 틀렸다'라는 식의 소모적인 논쟁으로 이어진다. 이러한 갈등은 비즈니스와 일상뿐만 아니라 국제사회에서도 발생하는 외교 문제로 오늘날 세계에 큰 영향을 미치고 있다.

갈등을 해결하기 위해서는 인간에게 **'인지 편향'이 있다는 사실을 인정해야** 한다. 예를 들어 우리는 종종 '남자니까 이 정도는 버틸 수 있겠지' '내 자식이니까 이 정도는 할 수 있겠지'와 같은 생각을 한다. '여성이니까' '사회인이니까' '장남이니까' '과장님이니까'. 이처럼 타인에게 자신의 기대치와 기준을 일방적으로 제시하면, 그가 기대에 부응하지 못할 때 분노를 느끼거나 억지로 제어하려 하게 된다. 타인의 다름을 인정하지 않는 태도가 갈등으로 연결되는 것이다.

그러니 나와 타인의 당위가 다르다는 사실을 인식하고, 기대와 현실의 차이를 받아들이자. 이런 태도는 감정 관리와 갈등 해결에 큰 도움이 될 것이다.

어떤 일 문화를 만들어야 하는가

다른 사람과 갈등을 피하기 위해서는 상대의 생각을 내 마음대로 통제할 수 없음을 받아들여야 한다고 말했다. 그러나 비즈니스 상황에서는 서로 다른 의견을 조율해야 하므로 자신의 생각과 의도, 판단을 미리 설명할 필요가 있다. 즉 **합의가 가능한 지점을 명확히 해두어서** 쓸데없는 오해를 방지하고 갈등을 줄이는 것이다.

이처럼 규칙을 명문화하는 일은 직장과 같은 공적인 공간에서 매우 중요하다. 특히 업무를 달성했다고 간주할 수 있는 기준은 정확하게 문서화해 두어야 한다. 그렇지 않으면 업무를 빨리 마친 사람이 '손이 비었으면 일을 더 해야지'라는 논리에 휘말려 다른 사람의 업무를 떠안는 불합리한 상황이 벌어진다.

원칙적으로 그런 요구는 단호하게 거절할 수 있어야 하지만 현실에서 그렇게 하기 어려운 이유는 명문화된 규칙이 없기 때문이다. 그 결과 엉뚱한 사람이 주변의 눈치를 살피거나, 거절로 인해 부정적인 평가를 받을까 두려워하게 된다.

하지만 조금 강하게 이야기하자면, **불평할 정도의 일은 아예 하지 않는 것이 좋다.** '어쩔 수 없지'라며 일을 떠안으면 허울뿐인 관리자의 응석을 받아주는 일과 다름없으며 불공평한 구조를 강화하는 데 기여하게 된다. 자신처럼 억울한 피해자를 만들지 않기 위해서라도 반드시 'NO'라고 말하거나 적절한 보상을 요구해야 한다.

이것이 공평한 일의 방식이다. 만일 현재 속한 회사가 이런 요구가 도저히 불가능한 곳이라면 소중한 인생을 착취당하는 중일 수 있다. 그때야말로 이직을 진지하게 고려해야 할 순간이다.

제어할 수 있는 일에 집중하라

이번 장에서는 줄곧 인간관계 문제가 발생하는 근본적인 이유와 대처법을 소개했다. 앞서 언급했듯 나는 '나와 당신은 다르다'는 사실을 인정하는 행동이 갈등을 해소하는 첫걸음이라고 믿는다. **'상대방은 나의 의도대로 움직이지 않는다'**는 사실을 받아들이는 것이다.

우리가 타인에게 실망하고 분노하는 이유는 대부분 기대가 지나쳤기 때문이다. 하지만 자신이 통제할 수 없는 문제에 기대를 거는 건 복권을 사는 일과도 같다. 복권에 당첨되지 않았다고 화를 내봤자 아무런 의미가 없듯, 인간관계도 기대대로 풀리지 않음을 받아들여야 한다.

그래서 나는 인간관계에서 문제가 발생했을 때 가장 좋은 대응책은 **'자신이 제어할 수 있는 부분을 찾고 그 부분에 집중하기'**라고 생각한다. 앞에서 소개한 '4사분면 매트릭스'가 여기에서 다시 한번 도움이 되어준다. 자신이 맞닥뜨린 문제를 '제어 가능/제어 불가능' '중요·긴급·우선도 높음/중요·긴급·우선도 낮음'의 4사분면으로 분류한다면 자신이 할 수 있는 행동이 보다 명확해질 것이고, 거기에서 현명한 대응법을 찾을 수도 있다.

또 한 가지는 강조하고 싶은 것은 상대를 이해하려는 태도다. 누군가의 발언을 들을 때 그 사람의 말뿐만 아니라 그 사람 전체를 이해하려고 해보자. 그 사람이 어떤 삶을 살아왔는지, 어떤 행동을 해왔고 성격은 어떠한지, 나와의 상성은 어떤지, 그리고 그 말이 어떤 상황에서 나왔는지를 고려해야 한다. 전체적인 맥락을 파악한 뒤에 발언의 진의를 이해하려는 노력이 중요하다.

예전에 이런 일이 있었다. 내가 잘 아는 분야에 대해 어떤 사람에게 "무슨 일이 생기면 언제든 상담해 드릴 테니 말씀하세요"라고 말하며 헤어졌다. 얼마 후 그가 상담이 필요하다며 찾아왔을 때, 공교롭게도 내 일정이 꽉 차 있었다. 몇 번 조율을 시도했지만 시간이 맞지 않아 "일정이 꽉 차 있어서 조금 미뤄질 수도 있겠네요"라고 답했더니, 그는 갑자기 "상담해 주신다고 했잖아요!"라며 화를 냈다.

나는 그저 일정을 미루려 했을 뿐 상담을 거절한 건 아니었기에 그의 반응이 당황스러웠다. 그가 내게 화를 낸 이유는 '상대가 나에게 맞춰주지 않는다'고 생각했기 때문이다. 그는 상대가 자신과는 다른 인간이며, 각자의 삶과 우선순위가 있다는 사실을 받아들이지 못했던 것이다. 그래서 내가 일부러 자신을 피한다고 느꼈으리라.

상대방의 일정이야말로 '자신이 제어할 수 없는 문제'이다. 그러니 이런 경우에는 약속을 포기하거나, 날짜를 다시 잡거나 "어떻게 해야 시간을 낼 수 있을까요?"라고 물어보면 된다. 이렇게 하면 상대는 뭔가 다른 제안을 내놓을 것이다.

핵심은 **상대방과 제대로 소통하는** 데 있다. 그렇게 하면 문제는 인간관계의 갈등이 아닌, 단순한 시간 배분 문제나 계획 문제로 바뀐다.

여러분도 비슷한 경험을 한 적이 있을지도 모른다. 관리자가 "언제든 상담하러 와"라고 해놓고 막상 찾아가 보니 바빠 보이는 경우다. '언제든지'라고 했으면서 전혀 시간을 내주지 않으니 억울하고 답답한 마음이 들 수도 있다. '혹시 저 사람이 바쁜 척하며 일부러 나를 피하는 걸까?'라고 의심하게 될 수도 있다. 하지만 그런 의심은 말 그대로 의심일 뿐 사실이 아니다. 상대방은 당신을 피하는 것이 아니라, 그저 계획이 없었을 뿐이다.

누차 강조하건대 **다른 사람은 자신의 생각대로 움직이지 않는 법**이다. 이런 상황에서 다른 소통이나 제안을 하지 않고, '애초에 상담해 줄 생각이 없었구나'라고 단정 짓는다면 불편한 감정만 쌓이고 상황은 더 꼬이고 만다. 만약 당신이 분노의 감정을 느꼈다면, 이는 '관리자는 언제나 팀원을 상담해 주어야 하며, 팀원의 일정을 우선해 스케줄을 짜야 한다'고 믿었기 때문일 것이다. 그럴 때 '다른 사람은 다르게 생각할 수도 있지'라고 한발 물러서 생각한다면 분노가 한결 누그러들지 않을까.

이처럼 '나와 당신은 다르다'라는 인식을 전제한다면 번거로운 인간관계 문제에서도 자신이 제어할 수 있는 일에 집중하게 된다. **상대방에게 지나치게 기대하지 않는 일 역시 명백히 '자신이 제어할 수 있는 일'**이다.

다만 상대를 통제할 수 없음을 받아들인다 해도, 가능한 한 좋은 인간관계를 유지하려는 노력은 중요하다. 비즈니스는 결국 사람과 사람 사이의 문제이기 때문이다. 과거 마이크로소프트에 있었을 때, 해외 관리자들은 내게 업무에 관한 이야기를 하기 전에 먼저 마음을 열고 나와 친해지려 했다. 예를 들어 취미나 공통 관심사로 대화를 시작하거나 가족이나 일상에 관한 이야기를 하며 친근감을 형성하는 식이었다. 이처럼 신뢰와 이해를 바탕으로 한 관계는 예상치 못한 문제나 말하기 어려운 일이 발생했을 때 소통을 훨씬 용이하게 만든다.

'나와 타인은 다르다'라는 인식을 확실히 가지면서도 다른 사람과 좋은 관계 맺기를 소홀히 하지 않는다.

그렇게 꾸준히 소통하려고 노력하면, 성가시고 귀찮았던 인간관계도 어느 순간 풍부한 경험과 인생의 즐거움을 제공하는 계기가 되어줄 것이다.

인간관계를 고민하는 사람이라면
다음을 기억하자.
분노를 무작정 억누르기만 해서는
인간관계의 스트레스를 줄일 수 없다.
오히려 분노를 현명하게 표출할 줄
아는 사람만이 일터와 일상에서
보다 건강한 관계를 유지할 수 있다.

META

PERCEPTION

CREATIVITY

CONNECTIVITY

INSIGHT

MLTA

SUSTAINABILITY

IDEATION

THINKING

FACILITATOR

7장

멘탈 관리의 공식

자신을 소모하지 않는 사람의 비밀

THINKING

세상일을 판단하기 위한 하나의 기준

마지막 장의 주제는 현대인이라면 피해갈 수 없는 문제인 '스트레스'이다. 나날이 복잡해지고 팍팍해지는 세상에서 어떻게 해야 스트레스를 잘 다스리며 건강하게 살아갈 수 있을까. 이와 관련해 나는 늘 다음의 기준을 명심하려고 한다.

모든 일을 '재미있는가/재미있지 않은가'를 기준으로 판단한다. 쉽고 편하더라도 재미없는 일은 철저히 피하고 어렵더라도 재미있는 일을 선택한다.

'재미있다' '재미없다'라는 판단은 자신의 감각과 경험에 기반해 내려지므로 언제나 내면에서 결론을 찾게 된다. 한마디로 **'재미있는가/재미있지 않은가'는 스스로 선택할 수 있는 문제다.** 이와 같은 기준에 따라 스스로 판단하고 선택하는 삶을 살아간다면 **'자존감' 또한 높아질 수** 있으리라.

반면 **'옳다/옳지 않다' '좋다/좋지 않다'를 기준으로 판단하며 살다 보면 쉽게 불행해질 수 있다.** '무엇이 옳은 행동인가' '무엇이 좋은 상태인가'를 생각한다는 건 결국 타인의 시선이나 평가에 의존한다는 뜻이기 때문이다. 나 역시 30대 초반까지는 특히 업무를 볼 때 '옳다/옳지 않다' '좋다/좋지 않다'라는 기준으로 많은 것을 판단했기에 무척 힘들었다.

게다가 이러한 판단을 내리기란 여간 까다로운 일이 아니다. 이를 판단할 사회의 기준은 늘 유동적이며 모호하다.

30대 중반 이후부터 일이 수월해진 이유는 지식이나 경험도 늘어난 덕분도 있지만 "이쪽이 더 재미있지 않나요?"라며 '재미있는가/재미있지 않은가'를 기준으로 삼는 나의 스타일을 고객들이 받아들이기 시작했기 때문이다. '재미있는가/재미있지 않은가'를 판단의 기준으로 삼게 된 이후로 내 삶은 한결 편해졌다.

지금 와서는 운이 좋았다고 생각하지만, 당시 내게는 '전례가 없는 업무'가 자주 주어졌고 그래서 약간은 두려움을 느껴야 했다. 명확한 가이드가 없었기에 '일단 해볼 수밖에'라며 각오를 다지고 스스로 방법을 찾아가며 문제에 대처했다.

가이드가 없으니 내가 세운 기준이 더욱이 중요했다. '재미'를 추구하는 방식은 최종적으로 고객도 나도 크게 만족하는 결과를 만들어냈다. 그리고 이러한 성공 경험을 통해 **일이란 누군가의 지시를 따라서만 수행하는 게 아니라, 고객과 파트너가 되어 함께 고민하고 결정해 나가는 과정**임을 깨달았다. 그렇게 나는 '재미있는가/재미있지 않은가'라는 나만의 판단 기준을 점차 신뢰하게 되었다.

나는 이 이야기를 할 때마다 매번 비슷한 지적을 받곤

했다. '모든 일이 그렇게 흘러가지는 않는다' '조직 안에서는 스스로 결정할 수 있는 일이 그리 많지 않다'라는 이야기다. 나의 조언이 모든 일에 그대로 적용할 수 있는 보편적인 해답이라고 주장하는 건 아니다. 하지만 이 말만큼은 자신있게 할 수 있다.

스스로 결정하지 않는 것 역시 그 사람의 선택이다.

만약 불편한 상황을 그저 참고만 있는 사람이 있다면 그 사람은 불편함을 받아들이기로 스스로 선택한 것이다. 이 말이 조금은 가혹하게 들릴 수도 있지만, 여러 번 언급했듯이 나는 사회에서 지켜야 하는 것은 오직 법률뿐이라고 생각한다. 법을 정확히 지키는 한 누구도 타인의 선택에 대해 이러쿵저러쿵할 권리가 없다. 아무도 명령하지 않았는데 무언가를 하지 않고 있다면, 하지 않기로 선택한 거나 마찬가지이다.

성적표에서는 강점을 찾을 수 없다

그렇다면 '재미있는가/재미있지 않은가'라는 기준을 받아들이기 위해선 구체적으로 어떤 방법을 써야 할까. 이에 대한 나의 제안은 **'자신이 할 수 있는 일만 하라'**는 것이다. 자신이 할 수 없는 일에 얽매이지 말고 우선 할 수 있는 일에만 집중하라.

바꾸어 생각하면 **'자신이 싫어하는 일은 철저하게 피하는'** 데에 주력하라. 싫어하는 일은 대부분 좋아지지 않는다. 게다가 좋아하는 일만 하기에도 시간이 부족하다. 싫은 일도 참을 줄 알아야 성인이라고 생각하는 사람도 있을 터다. 생각은 자유지만, 나는 그런 사람과는 굳이 어울리지 않는다.

'자신이 할 수 있는 일'은 특기 혹은 장점이라고 표현할 수도 있다. 다만 일본의 전형적인 교육 시스템 안에서는 그런 장점을 발견하기 어렵다. 예를 들어 나는 사회인이 된 후로 가라테와 스키를 시작해 가라테는 3단, 스키는 정식 지도자 자격을 취득했다. 하지만 학창 시절에는 체육 수업에서 늘 '수우미양가' 중 '양' 또는 '미'를 받는 학생이었다. 이런 성적만 보고서는 내가 운동에 재능이 있는지 알 턱이 없다.

그러니 세상에는 여러 가지 '잣대'가 있음을 기억해야 한다. 학교에서 받은 체육 성적 외에 다른 잣대를 이용했기 때문에 스포츠는 나의 특기가 될 수 있었다. 성적이라는 하나의 잣대에 사로잡혀 있었다면 스포츠는 영영 특기가 될 수 없었을 것이다. 사람은 그리 단순한 존재가 아니기에 장소나 시간에 따라 얼마든지 약점이 강점으로 바뀌기도 한다. 세상에는 무수히 많은 종류의 잣대가 존재하기 때문이다.

그래서 자신의 장점이 무엇인지는 스스로 판단하고 결론지으면 된다.

이때 '누구보다 자신 있다'거나 '누구보다 뛰어나다' 같은 기준은 필요하지 않다. 물론 스포츠처럼 동일한 규칙 아래 순위를 매겨야 하는 상황이라면 공통된 잣대가 필요하다. 그렇지만 누군가 "제 장점은 빠른 발입니다"라고 말할 때 "그럼 우사인 볼트보다 빠른가요?"라고 물을 필요는 없지 않은가.

그러니 타인과 비교를 통해 자신을 평가하지 말자. 중요한 건 자신이 정한 잣대로 스스로 할 수 있는 일을 찾아내고 이에 집중하는 것이다. 타인의 기준에 얽매이지 않고, 자신만의 기준을 믿고 살아가는 것이야말로 진정으로 성장하는 삶이 아닐까.

단점도 마찬가지다. 일반적으로는 단점은 '다른 사람에 비해 부족한 부분'으로 여겨지지만, 이것도 관점에 달린 문제다. 예를 들어 '성급함'이 단점인 사람은 '빠르게 판단을 내리는 사람'으로 볼 수도 있다. 판단이 빠르기 때문에 결과가 더디게 나오면 쉽게 짜증을 내는 성향을 띠기도 한다. 이 경우 성급함은 단점이 아니라, 분노 관리가 필요한 하나의 '과제'일 뿐이다.

물론 타인과의 소통에 장애를 일으키는 행동은 단점으로 간주된다. 말투가 공격적이거나 타인에 대한 공감 능력이 부족한 경우 법률을 위반하지 않았더라도 상대에게 상처를 주기 때문이다.

그러니 누군가에게 단점을 지적받는다면 그 근거를 스스로 메타인지해 보아야 한다. 정말로 타당한 지적인지, 특정 맥락에서만 그렇게 보이는 건 아닌지 다시금 확인해 보자. 이처럼 다른 잣대로 판단하는 과정을 거치면 **단점이라고 여겨졌던 많은 것이 단점이 아님을 깨달을 수 있을 것**이다.

업무는 게임이다

되도록 하고 싶은 일만 하고, 하고 싶지 않은 일은 하지 않는다. 그런 식으로 싫어하는 일을 피함으로써 서서히 스트레스에서 해방되자. 그러면 평소 쉽게 흔들리던 멘탈도 서서히 안정될 것이다.

멘탈은 최고의 결과를 이끌어내기 위한 전제조건이다. 평소 주변 환경을 정돈하거나 컨디션을 관리하는 일도 물론 중요하나, 애초에 멘탈이 안정되지 않으면 본래 가진 능력을 충분히 발휘하기 어렵다. 그러니 만약 멘탈이 흔들리는 시기가 찾아온다면 **자신에게 좀 더 너그러워지자.** 흔들리는 멘탈을 책망해 봐야 어차피 별 도움도 되지 않기 때문이다.

반성하는 마음을 담아 말하자면 나 역시 과거에는 스스로에게 엄격한 사람이었기에 그다지 행복하지 못했다. **하지만 스스로를 몰아넣으면 여유가 사라져 결국 새로운 아이디어를 떠올리기도 어려워진다.** 당연히 멘탈을 안정시키 위한 행동에 나설 수도 없다.

그러니 상품 개발이 늦어지거나 목표 매출을 달성하지 못하는 등의 어려움에 부딪쳤다면 '그럴 수도 있지. 지금은 고민거리가 많으니까' 하고 자신의 상황을 있는 그대로 받아들이자. 어차피 그 정도 일로 인생이 고꾸라지지 않으며 갑자기 일자리가 사라지지도 않는다. 그러니 일단은 '무슨 일이든 일어날 수 있어' 정도로 가볍게 생각하며 당장의 멘탈을 다스리는 데 집중하자. 그처럼 스스로에게 너그러워지고 그런 자신을 인정하면서 마음의 짐을 덜어낸다면 장기적으로는 더 나은 결과를 얻을 것이다. 물론 이런 태도가 지나쳐서 '어찌 되든 상관없어'라는 무관심이 되면 곤란하지만, 어쨌든 불쾌한 마음을 안은 채로 임했다간 잘 풀릴 일도 꼬이기 마련이다.

하나의 아이디어로, **마음이 불안정할 때는 업무를 '게임'으로 봐도** 도움이 된다. 예를 들어, 업무를 '잘 해결하면 세상에 행복한 사람이 늘어나는' 게임으로 간주하는 것이다. 게임이기에 고득점을 목표로 진지하게 임하지만, 승리하지 못했다고 해서 인생이 끝나거나 대단한 일이 생기진 않는다. 누구나 이런 여유를 마음속에 심어두는 것이 좋다.

종종 '퇴로를 끊었더니 잘 풀렸다'거나 '임전무퇴의 각오로 임했다'는 일화를 들을 수 있지만 모두에게 이 방법이 통할 것 같진 않다. 불안을 초래할 정도로 스스로를 몰아붙이는 건 그리 현명한 방법이 아니다.

만약 지금 자신의 멘탈이 불안정하다고 느낀다면 **중요한 결정은 잠시 미루는 것**도 전략이 될 수 있다. 물론 빠르게 변화하는 비즈니스 환경에서 판단을 미루었다가 상황이 악화될 위험은 있다. 그러나 앞서 이야기했듯 사람은 여유가 없을 때 터무니없는 실수를 저지른다. 특히 경영자의 입장에서는 자금 부족, 핵심 인재 유출과 같은 위기 상황에서 냉정하지 못한 판단을 내릴 가능성이 커진다. 이런 공황 상태는 더 큰 실수와 불안을 낳으며, 더 깊은 악순환을 만든다.

그러므로 무엇보다 여유를 갖추는 데 집중하자. 멘탈이 흔들릴 때는 잠시 멈춰 자신을 재정비하고 불필요한 압박으로부터 벗어나려 노력해야 한다. 그래야만 복잡한 상황 속에서도 침착함을 되찾고, 실수를 최소화할 수 있다.

건강은 돈으로 살 수 있다,
단 건강할 때에만

반면 실패를 경험하더라도 마음에 여유가 있다면, 쉽게 공황 상태에 빠지지 않고 상황을 차분하게 받아들일 수 있다. "예상과 다르게 나왔지만, 다른 방법을 시도해 보자"라면서 다음 단계로 나아갈 방법을 찾는 것이다. 이처럼 일에 실패했을 때에도 메타인지를 발휘해서 자신의 마음에 여유가 있는지 점검해 보아야 한다.

내 경우, 명백히 실수를 저질렀다고 판단될 때는 **'차분해질 때까지 기다리기'**라는 원칙을 따른다. 마음이 조급해진 상태에서 선불리 행동해 봐야 또 다른 실수를 저지르기 때문이다. 그보다는 '잠시 그대로 둬보자'라고 생각하며 기다리는 편이 건전한 결과로 이어진다는 사실을 경험으로 체득했다.

하지만 기다리는 것보다 더 중요한 건 예방이다. 이전에 SNS에서 '건강은 돈으로 살 수 있다. 다만, 건강할 때에만'이라는 게시물을 본 적이 있는데 이보다 정확한 표현이 또 있을까 싶다. 심신이 건강할 때 몸을 움직여야 한다.

앞서 좋아하는 일에만 집중할 수 있도록 평소 신뢰할 만한 상담 상대를 두라고 이야기했다. 마찬가지로 건강할 때 멘토를 만들어놓는 것도 좋다. 위기가 터진 이후에 딱 맞는 상담 상대가 나타나는 일은 불가능에 가깝기 때문이다.

상담에서 해결책을 찾을 수 있다고 장담은 힘들지만, '나는 혼자가 아니다'라고 느끼기만 해도 도움이 될 것이다. 다른 사람과의 이야기를 통해 자신이 처한 상황을 객관적으로 인식하고 정리하면서 새로운 아이디어의 단서를 찾을 수도 있다.

일은 인간관계는 물론이고 궁극적으로 만족스러운 삶

과 연결된다. 그러니 일에서의 고충을 **솔직하게 상담할 수 있는 사람이나 카운슬러, 혹은 장소를 미리 만들어두는 것**을 추천한다.

확실한 멘탈 회복 전략

누구든 언제나 정신적으로 위축되는 경험을 할 수 있다. 그러니 그런 순간이 찾아왔을 때에는 **'어느 정도 시간이 지나야 원래대로 돌아오는지'를 파악해 두면** 좋다. 이 정보를 알고 있으면 회복에 걸리는 시간을 스케줄에서 비워둘 수 있기 때문이다.

그리고 가능하다면 이 사실을 신뢰할 만한 상담 상대나 멘토와 공유해 두자. '나는 이 정도 시간이 지나면 원래대로 돌아올 거야'라고 미리 이야기해 두면 주변 사람들도 사정을 이해하고 기다려줄 수 있다.

이 사실이 공유되지 않으면 주변 사람들은 잘되기를

바라는 마음에 여러 가지 참견이나 격려를 하기 마련이다. 위축된 상태에서는 이런 배려가 오히려 부담으로 다가온다. 하물며 거기에 건성으로 대응했다간 "기껏 신경 써줬더니!"라는 원성을 듣기 십상이다.

그러니 메타인지를 통해 성가신 상황을 예방해 보자. 마음이 약해지고 나서 이래저래 복잡하게 생각하며 부담을 늘리기보다는 **자신의 약점과 고민거리를 평소 믿을 만한 사람에게 공유해 두어** 유사시에 도움을 받는 것이다. 비유하자면 '집 열쇠를 맡겨두는 일'과 비슷하다. 집 열쇠를 맡기려면 약간의 용기가 필요하지만 믿고 맡긴다면 성가신 일이 생겼을 때 여러모로 도움을 받을 수 있다.

이런 공유는 약점에 대한 대책이 되기도 한다. 건망증이 심하거나 잘 덤벙거리거나, 계획을 잘 관리하지 못하는 등 저마다 약점이 있을 것이다. 흔히 '자신의 약점을 자각하고 있으면 실수를 막을 수 있다'라고 말하지만 유감스럽게도 내 생각은 다르다. **약점은 자신의 본질적인 특성이기에 약점이 사라지지 않는 한 약점에서 비롯된 실수도 반복되**

기 마련이다.

하지만 그런 약점을 다른 사람에게 공유해 둔다면 설령 실수를 저지르더라도 상황을 만회할 때 도움을 받을 수 있다. 예를 들어 내 경우는 길을 잘 헤매기 때문에 같이 가는 사람에게 곧잘 '나는 방향치니까 나 대신 길을 좀 찾아줘' 하고 약점을 공유한다. 자신에게 버거운 일을 억지로 하기보다는 같은 일을 더 수월하게 할 수 있는 사람에게 도움을 받고, 나도 나중에 그를 도와주는 편이 더 좋지 않겠는가. **이처럼 자신에 대해 솔직하게 공유할 수 있는 상대가 있다면 마음의 부담이 한결 가벼워질** 것이다.

그리고 한 가지 더. 만일 일정이 손쓸 수 없을 만큼 바빠서 마음에 여유가 없어진 상황이라면 마지막으로 짜낸 힘을 '도와줘'라고 말하는 데 사용하자. 마지막 힘은 곤란에 맞서는 용도가 아니라 타인에게 의지하는 용도로 활용하는 편이 낫다.

물론 최선의 방법은 위기 초반에 일찌감치 도움을 요청하는 것이다. 그러나 많은 사람은 남에게 도움받기를 어려워해서 어떻게든 혼자 일을 처리하려는 경향이 있다. 그렇게 스스로를 궁지에 몰아붙이다 보면 어느 순간 '뚜둑' 하고 꺾여버릴지도 모른다. 그런 상황이 오기 전에 미리 도움을 청해야 한다.

궁지에 몰렸을 때는 누구나 시야가 좁아지기 마련이다. 수렁에서 발버둥 쳐봐야 가라앉기만 할 뿐이다. 그러니 위기 상황이라 판단된다면 혼자 발버둥치는 대신 다른 사람에게 도움을 청하자. 이는 일하는 사람이라면 반드시 기억해 두어야 한다.

마음속 알람을 설정하라

'다들 힘들지만 열심히 일하고 있으니까 나도 열심히 해야지.'

대부분의 직장인이 품어봤을 이런 생각을 '동질감의 덫'이라고 한다. 직장에 나가면 일단 열심히 하는 사람들이 눈에 들어오기 때문에 이렇게 생각하기 쉽다. 그러는 동안 몸과 마음에 닥쳐오는 위기는 뒷전이 된다.

위기가 닥치기 전에 **미리 자기 안의 알람을 설정해 둘** 필요가 있다. '이 일은 조금 버거울지도 모르겠다' '지금 내 상태가 그다지 좋지 않다'라고 마음속 알람이 울릴 때는 **일단 멈추는 것이다.** 그리고 일의 템포를 늦추면서 자신의 상태가 회복되어 가는 과정을 살펴보자.

이렇게 하면 '아, 역시 힘들었구나…' 하고 깨닫는 경우도 있을 테고, 상태가 그다지 변하지 않는다면 다른 이유를 찾아보는 경우도 있으리라. 어쨌든 이 과정은 적절한 대처법을 찾는 데 도움이 된다. 신체적인 증상이 있다면 의사를 찾아가야 하고, 전문 상담사에게 도움을 요청해야 할 수도 있다.

이때 상담 상대는 자신이 소속된 회사나 조직보다는 평소 자신과 접점이 많지 않은 곳에서 찾으면 좋다. 조직 안에서 멘토를 찾았다간 조직의 논리가 우선시될 수 있기 때문이다. 그들은 '이렇게 하면 다시 일에 최선을 다할 수 있어' '이 방법을 쓰면 프로젝트가 제대로 굴러갈 거야' 등 어디까지나 업무를 중요시한 조언을 하기 쉽다.

평소 자신이 소속되지 않은 '바깥'에 있는 사람은 전혀 다른 관점을 제시해 줄 수 있다. 어쩌면 **'그게 그렇게까지 중요한 일이야?'**라며 의아하다는 듯한 반응을 보일 수도 있다. 그러면 불현듯 힘이 빠지면서 자신이 처한 상황을 객관적으로 바라보게 되리라. '아, 역시 이상한가?'라는 생각이 든다면 **한 번은 지금 있는 곳에서 벗어나는 선택지를 고를 수도 있다.** 반대로 '아니, 내게는 무척이나 중요해'라는 생각이 들 수도 있다. 진심으로 그렇게 느낀다면 '조금 더 노력한다'는 결정을 내리면 된다.

멘토의 말이 옳은지 그른지를 떠나, 자신과 다른 입장의 제삼자의 시각을 의도적으로 도입해 보는 것은 그 자체로 의미가 있다. 자신의 생각을 정리하는 귀중한 기회를 제공하기 때문이다.

부정적인 생각은 의외로 나쁘지 않다

부정적인 마음이나 생각은 종종 우리의 스트레스를 키운다. 그래서 우리는 자신감이 부족하거나 미래가 불안할 때 그런 생각을 없애려 한다.

하지만 내가 도달한 결론은 '이러한 상태를 개선해야만 한다'고 억지로 생각할 필요는 없다는 것이다. 오히려 **제어하기 어려운 일은 '그건 원래 그런 거야'라고 보류해 두는 게 낫다.**

예를 들어 '10cm만 키가 더 컸더라면'이라고 생각하면 우리는 주눅이 들겠지만, 키는 쉽게 바꿀 수 있는 문제가 아니다. 그래서 대부분 사람은 그런 생각을 하다가도 '소용없는 생각이지'라고 스스로 결론짓고 생각을 멈춘다. 자신도 눈치채지 못한 사이 제어하기 힘든 문제의 해결을 보류하며 심적 균형을 맞추는 것이다.

부정적인 생각을 긍정적으로 바라보는 데 능한 사람도 있지만 그러지 못하는 사람도 있다. 감기에 걸렸을 때 땀을 흘리면 낫는다고 믿고 가벼운 조깅을 시도해서 효과를 보는 사람이 있는가 하면 엉뚱하게 흉내냈다가 오히려 병이 악화되는 사람도 있는 경우와 마찬가지다. 개인차가 무척 큰 마음의 문제를 해결하기 위해서는 무엇보다 **'자신에게 가장 적합한 해결책'을 찾는 것**이 중요하다.

그러려면 앞서 이야기한 것처럼 이질적인 커뮤니티 속 사람과의 교류를 통해 새로운 사실을 발견하거나 전문가의 도움을 받는 게 좋다. 어쨌든 마음의 문제에 지나치게 몰두하기보다는, 보다 넓은 시각을 가지려고 시도해 보는 일이 중요하다.

많은 사람이 마음의 문제를 스스로 고칠 수 있다고 생각하지만, 기대처럼 문제가 풀리지 않으면 '다른 이들은 괜찮은데 나란 사람은…' 이라며 문제를 고치지 못한 자신을 더욱 책망하게 된다. 이럴 때야말로 '나와 타인은 다르다'는 메타인지가 필요한 시기다.

부정적으로 느낀 사실을 긍정적으로 바꾸지 못하는 건 자연스러운 일이다. 그러니 부정적인 감정이 든다면 그것을 없애거나 바꾸려 하지 않고, 그저 '나는 질적으로 달라'라고 스스로를 인식해 보자. 오히려 일이 수월하게 풀릴지도 모른다.

언제 기분이 좋아지는가

나와 타인이 다르다는 사실을 마주하면 자신에 대한 이해도 높아진다. 자신의 여러 특성 중에서도 특히 **내가 어떤 상태일 때 기분이 좋아지는지**를 분석해 두는 일이 중요하다. **'스스로를 기분 좋게 만드는 방법'**을 알아두는 것이다. 자신이 어떨 때 기분이 좋아지는지를 알면 부정적인 일이 생기거나 비관적인 생각에 사로잡혔을 때 쉽게 그 상태에서 벗어날 수 있다.

예를 들어, 좋아하는 음악을 듣거나 드라이브를 하거나 마음이 편안해지는 장소를 찾아가는 것도 방법일 수 있다. 중요한 것은 기분 좋은 상태로 돌아갈 수 있는 수단을 미리 준비해 두는 일이다.

참고로 나는 기분 좋게 지낼 수 있는 장소를 몇 곳 만들어두었다. 그중 가장 좋아하는 장소는 '깔끔한' 사무실이다. 특히 책상에는 투명한 선반을 놓아 한 단 높여 공간을 사용하고, 스피커 같은 물건 또한 바닥 대신 거치대 위에 올려두어 가능한 한 깔끔한 환경을 유지하고 있다. 눈에 들어오는 물건의 수를 줄임으로써 시각적으로 편안하고 '기분 좋은' 상태를 유지하는 것이다. 이러한 노력은 사소해 보이지만 제법 효과가 좋다. 실제로 잘 정리된 공간은 마음을 차분하게 하고 정신 건강에도 긍정적인 영향을 미친다고 한다.

핵심은 **자신이 어떻게 시간을 보내야 가장 행복해지는지를 알아두는 것**이다. 그런 노하우를 갖춘 사람이라면 이따금 혼란이 찾아올 때에도 비교적 편하게 마음을 가다듬을 수 있다.

겉모습을 바꾸는 것만으로 일어나는 일들

복장 등 스타일을 통해서 마음을 정돈하는 접근법도 있다. 대부분 사람은 **자신이 좋아하는 옷을 입기만 해도 기분이 좋아지기** 때문이다. 또 개성적인 차림을 하면 상대방에게 색다른 손쉽게 줄 수 있다. 마음에 들지 않을 때는 원래대로 돌아가면 그만이니 무척 효율적인 기분 전환법이다.

머리 모양도 마찬가지이다. 나는 사회초년생 무렵부터 장발을 유지했는데 처음 만난 사람들은 이를 보고 놀라곤 했다. 남성 직장인은 머리를 짧게 자르고 다녀야 한다는 암묵적인 규칙이 있으니 그럴 만도 하다.

나는 기분을 전환할 목적으로 머리를 기른 것은 아니

었다. 어느 해, 예년보다 오랜 시간 산에 틀어박혀 스키를 탔는데 시즌 막바지에는 머리가 길게 자라 있었다. 미용실에 갔는데 디자이너가 “자연 곱슬이 참 예쁜데, 이대로 기르시죠?”라고 하기에 가벼운 마음으로 시도했던 게 지금에 이르렀다. 매년 겨울이면 스키를 타러 가다 보니 자연스럽게 머리를 기르게 되었다.

우연의 결과이기는 했지만 지금의 머리 모양 덕분에 인생이 조금은 더 긍정적으로 바뀌었다고 생각한다. 눈에 띄는 머리 모양이 다른 사람에게 좋은 인상을 줄 때도 있었다. 개성 있는 모습을 본 주변 사람들이 나에게 새로운 기대감을 품기도 했다.

반대로 필요 이상으로 비판하는 사람도 있긴 했다. ‘실수를 저질러놓고 긴 머리에 염색이나 하고 다닐 때냐’라고 지적하는 식이었다. 하지만 이런 반응이 크게 신경 쓰이지는 않았다. 내가 저지른 실수는 머리 모양과는 전혀 무관했기 때문이다. 실수를 했다면 실수에 대해 사과하거나 적절히 대처하면 된다. 외형적인 특성을 비난의 빌미로 삼으려는 저열한 행동에 일일이 반응할 필요는 없다.

물론 개성 있는 외형이 누군가에게는 부정적인 이미지를 줄 수도 있다. 그것은 타인의 가치관이며 자신의 힘으로는 제어할 수 없는 문제다. 그런데 만약 그런 시선을 의식하느라 원하는 스타일을 하지 못하고 있다면 나는 감히 이렇게 물어보고자 한다.

그렇게 계속 주변 사람이나 환경에 맞춰서 살아갈 것인가?

때로 스타일은 태도가 된다. 자신만의 스타일을 찾는다면 일에 더 자신감 있게 임할 수 있을 것이다.

무엇보다 나는 내 독특한 머리 모양 덕분에 직장의 분위기가 자유로워졌다는 점을 긍정적으로 평가한다. 내 주변에는 '우리는 전문가로서 업무를 할 뿐이지 복장을 따지는 팀이 아니다'라고 말하는 지지자들이 있다.

타인은 제어할 수 없다. 하지만 자신이 더 나아져서 주변에 좋은 영향을 끼치는 것은 충분히 가능하다.

잠에 투자하라

스트레스를 해소하기 위해 운동이나 식사, 생활 방식 등을 신경 쓰는 사람이 많을 것이다. 하나같이 중요한 일들이지만 나는 예전부터 잠을 중요하게 생각해서 맞춤형 베게를 주문하는 등 양질의 수면을 위한 투자를 해왔다.

마사지나 에스테틱 같은 방법도 있지만 매일 반복하는 수면만으로도 컨디션을 회복할 수 있다면 그것만큼 가성비가 뛰어난 투자도 없다고 생각한다.

그래서 나는 **일정을 짤 때 수면 시간을 최우선으로 확보**한다. 하루 최소 7시간의 잠을 확보한 뒤 남은 시간에 다른 일정을 배치하는 방식이다. 많은 사람이 활동 시간을 늘리기 위해 무심코 수면 시간을 줄이지만, 나는 꼭 수면을 우선시하라고 조언하고 싶다.

수면은 몸과 마음을 회복하는 과정이다. 이를 줄인다는 건 우리 몸의 가장 기본적인 자정自淨작용을 방해하는 일이며, 결국 업무와 생활에도 악영향을 미칠 것이다. 특별히 잠이 많은 사람이 아니라면 **수면 시간을 깎는다고 컨디션이 좋아지거나 생산성이 오르는 일은 없다.** 오히려 수면을 충분히 취해야 장기적인 생산성을 보장한다.

물론 스케줄이 빡빡하거나 유동적일 때도 있다. 그런 경우 나는 취침 시간을 약간 늦추더라도 최소 7시간은 꼭 자려고 노력한다. 중요한 것은 자신이 쾌적하게 깨어날 수 있는 충분한 수면 시간을 확보하는 일이다.

SNS에서 스트레스 안 받는 법

많은 사람이 스트레스 요인으로 꼽는 SNS에 대해서도 짚고 넘어가겠다. 최근 정신 건강을 위해 스마트폰이나 SNS 사용을 줄이려는 움직임이 빠르게 확산되고 있다. 나는 다양한 정보를 얻을 목적으로 SNS를 자주 활용하는 편이지만 그 부작용을 줄이기 위해 나름대로 사용법을 갖춰두었다.

기본적으로 나는 신경 쓸 가치가 있는 정보만 선택해서 보려 한다. SNS는 이용자가 끊임없이 정보를 받아들이도록 설계되었기 때문에 쏟아지는 정보에 무심코 휩쓸리기 쉽다. 하지만 **어떤 정보를 받아들일지는 어디까지나 나**

의 선택이라는 점을 명확히 인식하고 필요한 정보만 취하려 한다면 SNS를 더 현명하게 활용할 수 있다.

나에게 필요한 정보를 얻기 위해서는 일단 **SNS에 떠도는 대부분의 정보가 나와 무관하다**는 사실을 늘 염두에 두어야 한다. SNS를 보다 보면 무심결에 '이건 알아놓아야 할 것 같은데?'라는 생각이 들지만, 따져보면 그다지 중요한 일이 아닌 경우가 많다. 그런데도 착각을 하게 되는 이유는 애초에 X나 인스타그램 같은 플랫폼이 인간의 호기심을 교묘하게 이용하도록 설계되었기 때문이다. 이처럼 대중의 주목이 경제적 가치를 만들어내는 구조를 가리켜 **'어텐션 이코노미**attention economy**(관심 경제)'**라는 용어도 생겼다. 문자보다는 사진, 사진보다는 영상처럼 더 빠르고 자극적인 콘텐츠가 증가하는 이유 또한 더 많은 사람의 관심을 끌 수 있기 때문이다.

SNS에서 **'주어가 큰' 정보에는 특히 주의하자.** 정치나 젠더 이슈를 두고 '일본은 OO다' '여성은 OO을 추구한다' 처럼 선전 문구 같은 정보를 쉽게 접할 수 있는데, 얼핏 중요한 정보처럼 느껴지지만 자세히 들여다보면 실은 나와 관련 없는 경우가 많다.

이러한 기본 개념을 이해하고, 대부분의 정보가 내 삶과 큰 상관이 없다는 점을 인식하면 SNS에서 불필요한 잡음을 접했을 때 감정적으로 동요하기보다는 '세상에는 이런 생각을 하는 사람도 있구나' 정도로 생각하며 넘길 수 있다.

물론 어떤 정보는 자신과 맞닿아 있기 때문에 신경이 쓰일 수 있다. 하지만 사실관계가 불분명하고 직접적으로 관련 없는 정보에 감정적으로 휘둘리는 것은 소모적이다. 특정 주제에 화가 나거나 한마디 거들고 싶은 충동이 본능적으로 들기도 하겠지만 이를 잘 조절해서 '뭐, 세상에는 그런 의견도 있을 수 있지' 하고 흘려보내야 한다. 결국 SNS를 현명하게 활용하는 비결은 **'자신이 진정 관련되고 싶은 주제에만 시간을 투자하는 것'**이다.

한편 어떤 정보를 접했을 때 그것이 사실인지 아닌지 신빙성을 따져야 하는 문제도 있다. 그럴 때 나는 **내가 직**

접 그 정보를 발신하는 입장이 되었다고 가정하며 메타인지적으로 판단하려 한다.

정보를 퍼뜨리는 입장이 되면 정보에 대한 주변의 질문이나 비판에 직면하게 된다. 따라서 내가 그 질문에 당당하게 답할 수 있을지를 고민해 보면 해당 정보의 신뢰도가 어느 정도 가늠된다. 예를 들어, 출처가 불명확하거나 논리가 빈약한 정보라면 그에 대해 자신 있게 답하기 어려울 것이다. 그런 정보는 신뢰도가 낮다고 볼 수 있다.

자신이 SNS에 정보를 공유할 때는 더욱 주의해야 한다. 예를 들어 정보의 출처가 뉴욕타임스라면 신뢰도가 높긴 하지만 사실이라고 단언할 수는 없다. **모든 정보에는 발신자의 의도, 해석, 또는 선입견이 내포되어 있기 때문**이다. 사설이나 칼럼일 때는 특히 그렇다. 그러니 정보를 공유할 때는 출처뿐만 아니라 그 정보의 맥락과 발신자의 의도까지 고려해야 한다.

덧붙이자면, 나는 SNS에서 정보를 접할 때 그 정보의 진위 여부가 반드시 중요하다고 생각하지는 않는다. 예컨대 "뉴욕타임스에 이런 내용이 있더라, 흥미롭네. 끝" 정도로 생각하고 넘기면 충분하다는 것이다.

정보의 진위 여부보다는 그 정보에 대한 '나의 의견'이 더 중요하다. '나는 ○○에 흥미가 생겼다' '○○가 사실이라면 기쁘겠다' '○○가 사실이라면 행동에 나서고 싶다' 처럼 모든 판단의 중심을 '나'로 두면 별로 중요하지 않은 정보에 휩쓸리는 일을 막을 수 있다.

지금 당장 밖으로 나가야 하는 이유

마지막으로, 내가 기분을 전환하고 활력을 되찾기 위해 자주 하는 간단한 습관을 소개하고자 한다. **지금 앉아 있다면 우선은 일어나라. 그리고 밖으로 나가서 가능한 한 하늘을 올려다보라.** 이렇게 의식적으로 눈에 보이는 경치를 바꾸고 신선한 공기를 들이마시면, 신기하게도 마음이 한결 여유로워지고 기분이 상쾌해진다.

정신 건강 관련 책에서 자주 언급되듯 하늘을 올려다보거나 햇볕을 쬐면 뇌 속 신경전달물질인 세로토닌의 분비가 촉진되어 우울증 예방에 도움이 된다. 나는 지치거나 마음이 무거우면 무조건 옥상에 올라가 하늘을 올려다보며 정신에 활력을 불어넣곤 한다.

나는 지바현 시골에 있는 낡은 집을 고쳐 사용하고 있는데, 그곳에서 보는 하늘은 혼슈의 다른 곳과는 비교도 되지 않을 만큼 넓다. 주변에 고층 빌딩은커녕 낮은 건물조차 없어서 살짝 고개를 들면 온통 하늘뿐이다.

물론 어느 곳에 있든 각도만 잘 잡으면 하늘은 언제나 거기 있다. 도심 속에서 하늘을 올려다보는 일은 손쉽게 마음의 평온을 되찾고 정신 건강을 지킬 수 있는 좋은 방법이다.

머릿속 정보를 줄이려는 시도 또한 정신 건강에 유익하다. 문자 정보가 전혀 없는 상태 속에서 뇌는 한결 가뿐해진다. 하늘이나 바다를 바라보면 마음이 차분해지는 이유가 그래서이다.

참고로 나는 제이팝JPOP을 거의 듣지 않는다. 일본어 가사를 들으면 머릿속이 언어나 의미로 가득해지는 느낌이 들기 때문이다. 반대로 영어 가사는 단순히 소리로서 귀에 전달되기 때문에 한결 편안하게 들을 수 있다.

직장인으로서 새로운 정보를 받아들이기 위한 안테나는 항상 세워두고 있어야 하지만, 정보를 처리해야 하는 상황이 과도하게 지속되면 생각이 경직되고 뇌가 꽉 막혀버린다. 그런 때는 **의식적으로 뇌의 입력 버튼을 꺼두고 여유를 가지려는 노력이 필요하다.**

내가 이 책에서 일관되게 전달하고 싶었던 메시지는 여유를 되찾으라는 것이었다. 자신의 내면에 여유가 없으면 일과 관계, 삶을 객관적으로 바라보기 어렵다. 맞닥뜨린 문제나 과제에 적절히 대응하기 어려워진다. 여유가 있을 때에만 메타인지도 가능해지고, '바깥의 잣대'로 자신을 돌아볼 수도 있게 된다.

지금 '바깥'에는 미처 발견하지 못한 더 나은 당신이 당신을 기다리고 있을지도 모른다. 물론 그렇다고 현재의 당신을 부정할 필요는 없다. 그저 때때로 하늘을 올려다보자. 그리고 가벼운 마음으로 한 걸음씩 앞으로 나아가도록 하자.

타인과 비교를 통해
자신을 평가하지 말자.
중요한 건 자신이 정한 잣대로
스스로 할 수 있는 일을 찾아내고
이에 집중하는 일이다.
타인의 기준에 얽매이지 않고,
자신만의 기준을 믿고
살아가는 것이야말로
진정으로 성장하는 삶이 아닐까.

나가며

오직 당신만의 메타사고법을 찾아라

마지막까지 읽어주신 여러분께 감사의 말씀을 전합니다. 이 책에서는 기존의 세계 속에서 경쟁에 몰두하며 자신의 진정한 욕구를 억누르기보다, 새로운 시각으로 더 나답게 살아가는 자세를 제안했습니다. 저 역시 이 책에서 소개한 '에일리어스'라는 개념을 바탕으로 삶을 변화시키면서 스스로 재미있다고 느끼는 것에 더욱 솔직해질 수 있었고, 그 결과 마음 편하게 살아갈 수 있게 되었습니다. 여러분도 이 상쾌함을 경험하시길 바랍니다.

마지막으로 여러분에게 제안하고 싶은 것은, 이 책의 내용을 메타인지해 보라는 것입니다. 즉, **타인의 방법론을**

넘어서려는 의식이 중요합니다. 이 책에서 언급된 내용은 제가 직장인으로 살아온 경험을 바탕으로 도출한, 자신 있게 추천하는 사고방식과 구체적인 방법입니다. 하지만 여러분은 저의 사고방식에 휘둘리지 않기를 바랍니다. 어디까지나 하나의 참고 자료로 여러분이 행복하게 살아가기 위한 자원으로 활용하시길 바랍니다. 그리고 지속적으로 메타인지하고 업데이트해 나가시기를 바랍니다.

세상에는 "이러면 된답니다" 혹은 "이러면 잘 될 거예요"라고 선전하는 정보나 상품이 넘쳐납니다. 하지만 이런 것들에 지나치게 의존하게 되면, 그 방법론을 만든 사람의 의도대로 움직이게 됩니다. 이는 '수단을 목적화'한, 본말이 전도된 상태라고 할 수 있습니다.

예를 들어 세상에는 '부자가 되는 방법'이 넘쳐납니다. 그러나 돈의 본질은 경제활동을 위한 수단에 불과합니다. 중요한 것은 "무엇을 위해" 돈이 필요한가 하는 점입니다. 이 부분이 빠져 있으면 단순히 돈을 버는 행위 자체가 목적이 되어, 수단을 목적화한 사람들에게 쉽게 휘어

짜이게 됩니다.

그래서 **스스로 생각하고, 스스로 선택하며, 자신이 행복해질 수 있는 자세를 스스로 찾아나가는 일이 무엇보다 중요합니다.** 저는 앞으로도 저의 생각을 널리 공유하려고 하니 여러분은 부디 이 책을 자신의 삶을 돌아보는 자료로 유용하게 활용해 주길 바랍니다. 여러분이 이 책을 선택함으로써 더욱 나은 인생을 살 수 있다면 그보다 기쁜 일은 없을 것입니다.

마지막으로 감사의 인사를 드리고 싶은 분들을 소개하고자 합니다. 제게 말을 걸어주시고, 끝까지 함께 달려주신 야마토쇼보의 시라이 마키코 씨, 정말로 감사했습니다. 덕분에 무척 즐겁게 책을 만들 수 있었습니다. 그리고 늘 저를 프로듀스해주시는 이와카와 사토루 씨. 이번에도 멋진 프로듀싱 능력을 발휘해 주셔서 정말 든든했습니다. 또한, 저 이상으로 저다운 문장을 써주신 쓰지모토 게이스케 씨, 이 책의 문장도 최고였습니다.

마지막으로 언제나 저를 응원해 주시는 분들께 진심

으로 감사드립니다.

나오 씨, 고마워요.

사와 마도카

절대 지지 않는 규칙을 스스로 만든다.

자신의 인생에서 날마다 승리한다.

메타사고

규칙없는 세상에서 한계를 돌파하는 관점 혁명

초판 1쇄 인쇄 2024년 12월 9일
초판 1쇄 발행 2024년 12월 13일

지은이 사와 마도카
옮긴이 곽범신
펴낸이 김선식

부사장 김은영
콘텐츠사업본부장 박현미
기획편집 노현지 **책임마케터** 권오권
콘텐츠사업9팀장 차혜린 **콘텐츠사업9팀** 강지유, 최유진, 노현지
마케팅본부장 권장규 **마케팅1팀** 박태준, 오서영, 권오권, 문서희
미디어홍보본부장 정명찬 **브랜드관리팀** 오수미, 김은지, 이소영, 박장미, 박주현, 서가을
뉴미디어팀 김민정, 고나연, 홍수경, 변승주
지식교양팀 이수인, 염아라, 석찬미, 김혜원, 이지연
편집관리팀 조세현, 김호주, 백설희 **저작권팀** 성민경, 이슬, 윤제희
재무관리팀 하미선, 김재경, 임혜정, 이슬기, 김주영, 오지수
인사총무팀 강미숙, 이정환, 김혜진, 황종원
제작관리팀 이소현, 김소영, 김진경, 최완규, 이지우, 박예찬
물류관리팀 김형기, 김선민, 주정훈, 김선진, 한유현, 전태연, 양문현, 이민운
외부스태프 디자인 디스커버

펴낸곳 다산북스 **출판등록** 2005년 12월 23일 제313-2005-00277호
주소 경기도 파주시 회동길 490 다산북스 파주사옥
전화 02-702-1724 **팩스** 02-703-2219 **이메일** dasanbooks@dasanbooks.com
홈페이지 www.dasan.group **블로그** blog.naver.com/dasan_books
종이 신승아이엔씨 **인쇄** 정민문화사 **코팅 및 후가공** 평창피앤지 **제본** 다온바인텍
ISBN 979-11-306-6100-1 (03320)